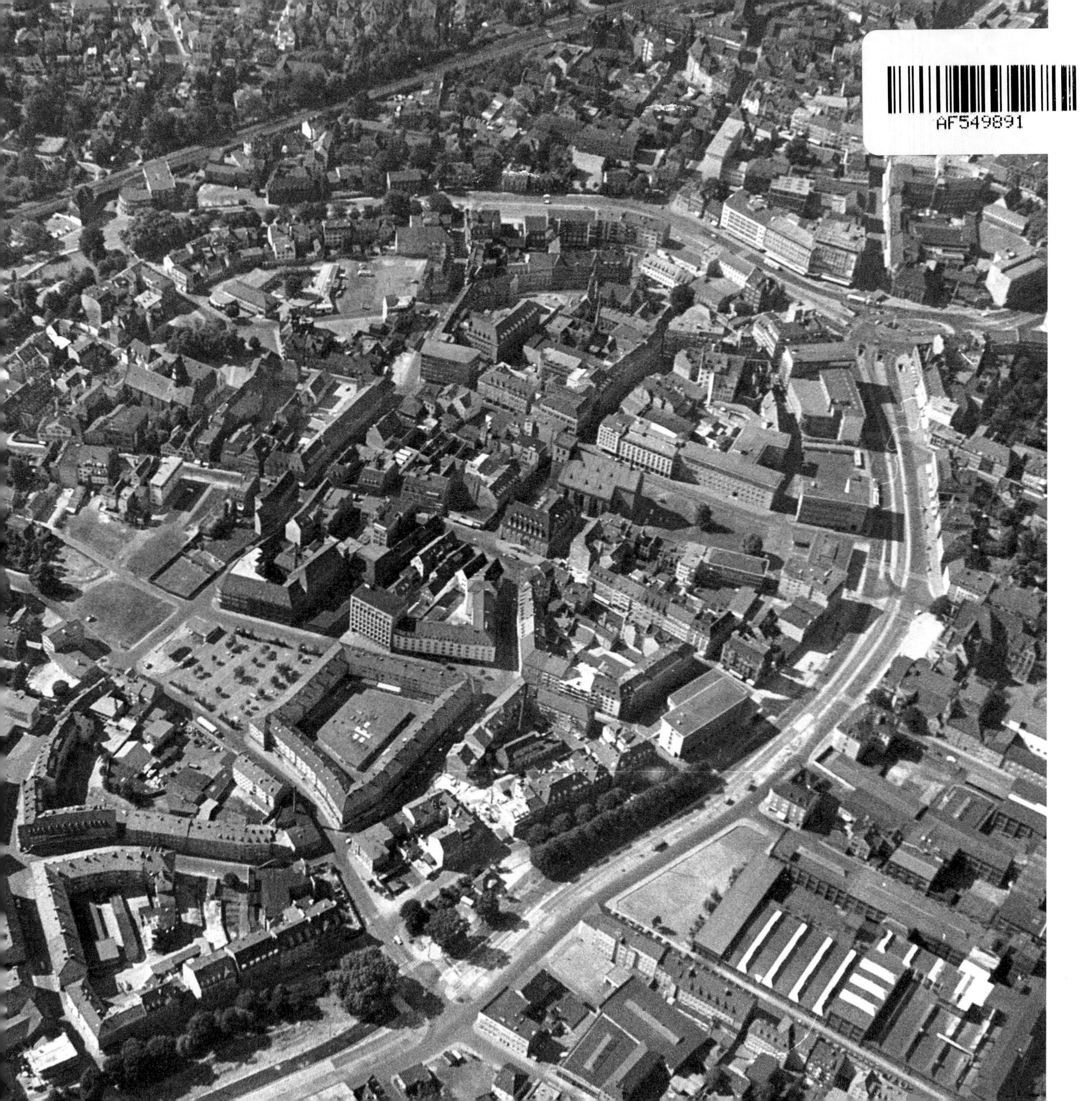

Helmut Henschel, Jochen Rath, Andreas Vohwinkel

Bielefeld

in den 50er- und 60er-Jahren

Wartberg Verlag

Bielefelder Beiträge zur Stadt- und Regionalgeschichte, Bd. 27

Bildnachweis

Alle Bilder stammen aus dem Stadtarchiv und Landesgeschichtliche Bibliothek Bielefeld, mit Ausnahme von Bild S. 53: Oetker-Archiv.

Umschlagbilder

Vorderseite: Jahnplatz (Foto: Hans Niessen, August 1954)

Rückseite: Bürgerpark mit Rudolf-Oetker-Halle (Foto: unbekannt)

1. Auflage 2023

Layout und Satz: Christiane Zay, Passau
Druck und Bindung: optimal media GmbH, Röbel an der Müritz

34281 Gudensberg-Gleichen, Im Wiesental 1
Telefon: (0 56 03) 930 50
www.wartberg-verlag.de
ISBN 978-3-8313-3349-3

Inhalt

Bielefeld im Blick und Objektiv. Ohne die Fotografinnen und Fotografen wäre dieser Bildband nicht denkbar. (Foto: Erich Borowka/Freie Presse, um 1960)

Vorwort

Bielefeld zwischen 1950 und 1970: Das Stadtbild nahm Anlauf für eine neue Gestalt, die Stadtgesellschaft ließ sich zwischen Leuchtreklamen und auf den Rolltreppen der Kaufhäuser von unbegrenzt scheinenden Konsumwelten faszinieren. Die Folgen des Luftkrieges wurden baulich weitgehend überwunden, der Käfer und Karbonaden, Eisbein in Aspik und der messingfarbene PVC-Handlauf am Treppengeländer symbolisierten den Aufschwung. „Jetzt kommt das Wirtschaftswunder", sangen Wolfgang Neuss und Wolfgang Müller 1958, „Der deutsche Bauch erholt sich auch und ist schon sehr viel runder." Gesellschaftlich jedoch sollten sich die Nachwirkungen der lange geradezu einvernehmlich beschwiegenen NS-Zeit spätestens ab 1968 offenbaren. Warum sollte es in Bielefeld anders gewesen sein als im Rest der „ungelernten Republik"?

Auch in Bielefeld prägten Wiederaufbau, Wirtschaftswunder und Weltmeisterschaft die 50er-Jahre, Automobile, weitere Anwerbeabkommen für „Gastarbeiter" sowie die Achtundsechziger das folgende Jahrzehnt. Eine überwiegend technikgläubige Politik diskutierte auch hier Mobilitätskonzepte, die autogerechte Stadt und Fußgängerzonen – ein Flughafenprojekt dagegen scheiterte. Die Radrennbahn und der Jahnplatztunnel, der die Fußgänger dem Individualverkehr im wahrsten Sinne des Wortes unterordnete, wurden eingeweiht, die Universität und die Kunsthalle eröffnet. Oberbürgermeister stellte meist die SPD, aber auch CDU und FDP durften kurzzeitig im Alten Rathaus am Niederwall regieren.

Profis fingen das Stadtbild, die Menschen und diese Ereignisse mit ihren Kameras ein:

Erich Borowka, Hans Georg Gessner, Karl Geue, Hans-Jochen Giesche, Eduard Heidmann, Hans Dieter Johner, Ruth Lindewirth, Ernst Maoro, Rudolf Möller, Norbert Muddemann, Hans Niessen, Wilhelm Pollmann, Wilhelm Reimers, Günter Rudolf, Gerhard Sohrmann und Otto Sudmann sowie die Hamburger Aero-Lloyd, die Westdeutsche Luftfoto und Cramers Kunstanstalt.

Ohne ihren individuellen Blick auf Bielefeld wäre diese Buch nicht denkbar, das nur eine Auswahl aus den reichen Beständen zeigen kann – es wären mehrere Bände möglich gewesen.

Bielefeld im August 2023

Helmut Henschel | Jochen Rath | Andreas Martin Vohwinkel

Bauwerke & Wahrzeichen

Sparrenburg mit Berglust

Kein Bielefeld-Buch ohne Sparrenburg, auch wenn es aus den Jahren 1950 bis 1970 nicht so viel über sie zu berichten gibt, außer dass das Verblendmauerwerk und die Zugangsbrücke wiederhergestellt wurden und von 1954 bis 1972 dort das Deutsche Spielkartenmuseum residierte. Unterhalb bestand seit Mitte des 18. Jahrhunderts ein Ausflugslokal, das erst im 19. Jahrhundert den Namen Berglust erhielt und ab 1914 unter den Gebrüdern Meerkamm seinen Aufstieg nahm. Der Bombenkrieg setzte dem Gebäude mit einem Ballsaal für 1200 Personen zu, danach waren nacheinander Zwangsarbeitende, Kriegsgefangene und Flüchtlinge dort untergebracht. Nach der Beschlagnahme durch die Briten, die dort die Minerva Dance Hall betrieben, gelang kein dauerhafter Betrieb mehr. Ende 1960 wurden die letzten Reste der Berglust abgebrochen. (Foto: Eduard Heidmann, 1959)

Alt und Neu am Altstädter Kirchplatz

Einen aufgeräumten Eindruck vermittelt das Foto der Situation rund um den Altstädter Kirchplatz. Das 1954 eröffnete Ratscafé duckt sich am Niederwall, dahinter erheben sich bis zur Niedernstraße wuchtig die auf den ersten Blick architektonisch uninspiriert wirkenden Komplexe der Dresdner Bank, des Landeskirchenamts der Evangelischen Kirche von Westfalen und des Christlichen Hospizes – die beiden letzteren Gebäude stehen indes mittlerweile unter Denkmalschutz. Es fehlen noch der – erst im Mai 1962 wieder eingeweihte – Turmhelm der Altstädter Nikolaikirche sowie der 1909 errichtete Leineweberbrunnen, der wegen verschiedener Beschädigungen (u. a. 14 Einschusslöcher von 1945 durch amerikanische Soldaten) Ende August 1954 auf dem städtischen Bauhof eingelagert und erst am 20. Dezember 1960 wieder aufgestellt wurde. (Foto: Eduard Heidmann, 1960)

Bielefelder Wahrzeichen

Die im 13. Jahrhundert gebaute Altstädter Nicolaikirche wurde beim Luftangriff vom 30. September 1944 weitestgehend zerstört. Der 1949 begonnene Wiederaufbau des Kirchengebäudes konnte im September 1963 mit Vollendung des neuen Kirchturms, der gegenüber seinem Vorgänger um 11 Meter höher ausfiel, abgeschlossen werden. Links im Vordergrund ist der am 20. Dezember 1960 zum zweiten Mal eingeweihte Leineweberbrunnen zu sehen. Der von Hans Perathoner (1872–1946) konzipierte und anlässlich der 300-jährigen Zugehörigkeit der Grafschaft Ravensberg zu Brandenburg-Preußen 1909 errichtete Brunnen war 1954 im Rahmen der Neugestaltung des Areals abgetragen worden, wobei die Leineweberstatue ein provisorisches Domizil im städtischen Bauhof gefunden hatte. 1960 wurde der Brunnen schließlich – wenige Meter östlich des ursprünglichen Standorts – wiederrichtet. Zu diesem Zweck erhielt Perathoners Leineweber eine neue, von Wilhelm Heiner (1902–1965) entworfene Brunnenanlage. (Foto: unbekannt)

Der Alte Markt nimmt Gestalt an

„… we're happy tonight, walking in a winter wonderland …" heißt es in dem bekannten Ohrwurm von 1934. Dieses auch als Postkartenmotiv verwendete Winter- und Weihnachtsbild des Alten Markts von 1966 erinnert ein wenig an die in dem Liedtext vermittelte leicht kitschige und doch unbestreitbar pittoreske Szenerie. Im Hintergrund des zu diesem Zeitpunkt noch für Autos befahrbaren Platzes sind unter anderem das Bankhaus Lampe im Battig-Haus – noch ohne erneuerte Giebelfront – sowie die für den Alten Markt so charakteristische Apotheke und der Merkurbrunnen zu sehen, Letzterer gestaltet vom Bildhauer und damaligen Fachbereichsleiter der Werkkunstschule Herbert Volwahsen (1906–1988). Die Skulptur steht heute auf dem Bunnemannplatz. (Foto: Norbert Muddemann, 1966)

Ein Nachmittag im Spätsommer

Es hat etwas Beschauliches: Ein nachmittägliches, mildes Sonnenlicht fällt auf das Alte Rathaus, ein Radfahrer fährt mit flottem Tritt dahin, vielleicht Richtung Feierabend. Die ganze Szenerie vermittelt ein Gefühl von Unbeschwertheit. Und tatsächlich lässt die Atmosphäre an diesem Spätsommertag vermutlich im Jahr 1956 kaum noch erahnen, dass der hier bereits im Umbau befindliche Schillerplatz und die anliegenden Gebäude der Altstadt durch Luftangriffe fast vollständig zerstört worden waren. Nur wenige Jahre prägten Bombenkrater, Ruinen und Leerstellen das Erscheinungsbild des Niederwalls. Rechts im Bild ist noch der Rücken des 1903 aufgestellten Denkmals Otto von Bismarcks zu sehen. Über dessen Standort hatte es in den 1950er-Jahren immer wieder Diskussionen gegeben; 1957 wurde es schließlich an den Nebelswall versetzt. Seit einigen Jahren steht es nun in der Grünanlage am Oberntorwall. Bliebe letztlich noch die Frage zu klären, ob der aus dem Kreis Wiedenbrück stammende Fahrer des VW Käfers für sein Missachten des Halteverbots auch belangt worden ist. (Foto: Rudolf Möller, Freie Presse, um 1956)

Per Pkw zum Ratscafé

Das 1954 eröffnete Ratscafé sollte den Abschluss der Viktoriastraße bilden, was erkennbar gelang. Dennoch erregten die 1952 vorgelegten Gebäudepläne Unmut, da so versäumt werden würde, einen „Ruheplatz“, „Anziehungspunkt“ und „Bielefelder grünen Salon“ herzustellen. Ein derartig gestalteter innerstädtischer Platz hätte mit einer größeren Grünfläche angesichts der Verkehrsplanungen für eine autogerechte Stadt auch einen gewissen Ausgleich schaffen und die am Niederwall entstehenden massiven Häuserfronten durchbrechen können. Den Individualverkehr repräsentieren hier (von links) ein Opel Rekord P2, ein DKW Auto Union 1000 Universal, ein VW Käfer 1200, ein Opel Rekord P1 und ein Ford Taunus P1. Auf der linken Straßenseite schließt der unauffällige Zugang zum Ratskeller des Alten Rathauses die Gebäudefront ab. (Foto: Wilhelm Reimers, Dortmund, 1961)

Spuren des Krieges

Die Ende des 13. Jahrhunderts erbaute Neustädter Marienkirche war Anfang der 1960er-Jahre noch von den Kriegsschäden des Luftangriffs vom 30. September 1944 gezeichnet, wie diese im Winter 1960 entstandene Aufnahme dokumentiert. Während ein neuer Dachstuhl bereits 1947 errichtet worden war, konnte der Wiederaufbau der Türme erst im April 1965 begonnen und im November 1966 abgeschlossen werden. Neue Turmhelme im gotischen Stil ersetzten die zerstörten barocken Zwiebeltürme. Links ist der im Spätmittelalter entstandene und 1540 umgebaute Spiegel'sche Hof zu sehen, davor verläuft die Kreuzstraße. (Foto: Ernst Maoro, Stadtarchiv Bielefeld)

Beton bleibt, die Erinnerung auch

Der seit 1941 geplante und 1943 gebaute Bunker an der Neustädter Straße bot während des Zweiten Weltkriegs bis zu 2000 Menschen Platz, die unter anderem beim Hauptangriff am 30. September 1944 Zuflucht suchten. Vorhaben nach 1945, dort Flüchtlinge unterzubringen oder ein Hotel einzurichten, wurden nicht realisiert. Auch eine 1950 beschlossene Sprengung unterblieb. Obwohl Ende 1955 entschieden worden war, den Bunker wieder für Luftschutzzwecke zu nutzen, wurde er ab 1956 an das Möbelhaus Meierkord, eine Weinhandlung, eine Spedition und das Finanzamt (für die „Pfandkammer“) vermietet. 1981 wurde er für den Zivilschutz, 2012/13 zu Wohnungen umgebaut.

Links schnurrt ein Borgward Hansa ins Bild. Die dahinter erkennbare Gaststätte Insel Helgoland bestand seit 1894. Der Name war nicht zufällig gewählt, denn die Insel war von 1807 bis 1890 britische Kronkolonie gewesen und erst danach endgültig deutsch. 2003 wurde sie in Ulmengarten umbenannt, 2007 in Bielefelder Tabakskollegium und 2010 in Altstadttreff. (Foto: Hans Niessen, 1956)

„Wege durch die Luft“

So betitelte Martin Enderle 2001 sein Buch über die für Bielefeld typischen Straßenbrücken. Sie verbinden Gebäude von Unternehmen und Privathäusern, aber auch Verwaltungskomplexe (Altes Rathaus mit dem Neuen Rathaus und dem Stadttheater).

Nein, beim oberen Bild handelt es sich nicht um eine fachwerkgestaltete Passagierbrücke am Terminal eines niemals gebauten Innenstadtflughafens, sondern um eine für Bielefeld typische Straßenbrücke. Sie verband seit 1911 auf acht Metern Länge zwei Gebäudekomplexe des 1835 gegründeten Verlags Velhagen und Klasing. Die kriegsbeschädigte Ruine des früheren Hauses Ritterstraße (heute Klasingstraße) 2 wurde 1954 abgebrochen. Heute liegt die Brücke im nicht öffentlich zugänglichen Innenhof. Die links im Vordergrund erkennbare Unterführung wurde 1893 angelegt, um auf „leichten Wagen“, wie es im Bauantrag hieß, Materialien zu transportieren. Es ist also nicht der legendäre Tunnel, der angeblich von der Sparrenburg in die Altstadt führt. Im Hintergrund ist die 1511 geweihte katholische St.-Jodokus-Kirche erkennbar. (Foto: Günter Rudolf, 1960)

Die noch vorhandene Brücke im Bild unten überspannte die Turnerstraße zwischen zwei Dürkopp-Komplexen. Seit 1867 produzierte Nikolaus Dürkopp (1842–1918) Nähmaschinen, anfangs mit Carl Schmidt (1844–1910), ab 1876 allein. Links erstreckt sich der 1900 entstandene dreigeschossige rote Backsteinbau des Marktführers in Bielefeld, der 1898 sogar im Automobilbau experimentierte, später auch Motorräder, Lkw, Busse und Feuerwehrwagen herstellte. 1962 wurde die Nähmaschinen-Produktion eingestellt und das Unternehmen abgemeldet. Die Turnerstraße verbindet die Rohrteichstraße und den Kesselbrink, ist aber nicht nach dem englischen Maler benannt, sondern seit 1869 nach den Bielefelder Sportlern, die am nördlichen Straßenende eine „Turnanstalt“ unterhielten. Von der Kreuzung Nikolaus-Dürkopp-Straße/ Turnerstraße aus entstand diese Aufnahme, die einen einfachen Gummiwagen mit einem Klepper und dahinter lauernd einen Opel Blitz zeigt. (Foto: Hans Niessen, April 1956)

Oetkers Wetterhäuschen

Das 1951 auf Initiative des Unternehmers Rudolf-August Oetker (1916–2007) neu errichtete Wetterhäuschen am westlichen Ende der Obernstraße im Jahr 1959. Die ursprüngliche, von Firmengründer August Oetker (1862–1918) gestiftete Wetterstation an gleicher Stelle war im Zweiten Weltkrieg zerstört worden. Am rechten Bildrand bewirbt ein mutmaßlich kriegsversehrter Zeitungsverkäufer seine Ware. (Foto: Otto Sudmann, Freie Presse)

Das neue Kreishaus

Das Kreishaus an der August-Bebel-Straße 92 wurde am 5. Februar 1954 eingeweiht. Der von dem Bielefelder Architekten Johann „Hanns“ Thiele (1904–1970) entworfene Neubau ersetzte das alte Kreishaus und Landratsamt am Kesselbrink, das aufgrund von Kriegsschäden im Juli 1949 abgerissen worden war. Zu den architektonischen Besonderheiten des neuen Kreishauses gehörte die geschwungene Innentreppe. Nach Auflösung des Kreises Bielefeld im Rahmen der Gebietsreform von 1973 wurde das Gebäude von der Stadtverwaltung genutzt. (Fotos: Ruth Lindewirth)

Ein unscheinbares Denkmal

Wer heute als Auswärtiger aus dem Bielefelder Hauptbahnhof tritt, ahnt nicht, dass es sich bei dem gegenüberliegenden Gebäude mit der Aufschrift „Leinenmeisterhaus“ um ein denkmalgeschütztes, für den Baustil der Nachkriegszeit repräsentatives Gebäude handelt, das anlässlich des Richtfestes im Juli 1955 von der heimischen Presse als „Bielefelds neue Visitenkarte“ bezeichnet wurde. Erbaut wurde es im Auftrag der Firma Strunkmann & Meister, deren ursprünglicher Geschäftssitz am Hauptbahnhof im Krieg zerstört worden war. Die Bauweise gab dem Bahnhofsvorplatz, trotz zwischenzeitlicher Anpassungen, seine bis heute gültige Form und Größe. (Foto: Otto Sudmann, Freie Presse, um 1960)

Plätze & Straßen

Platz da für die Stadthalle

Der Bahnhofsplatz mit dem 1955 eingeweihten Leinenmeisterhaus und dem Bielefelder Hof am linken Bildrand, der seinen ursprünglichen, 1914 zu französisch klingenden Namen Grand Hotel Geist aus patriotischen Gründen einbüßte. Rechts ist das 1901 bis 1906 errichtete Gebäude der Firma Baumhöfener & Heise zu erkennen, das die Hemdenfabrik Dornbusch 1918 übernahm. Gebaut wird an der Einmündung der Feilenstraße in den damaligen Berliner Platz (seit 1993 Willy-Brandt-Platz), am oberen Rand sind die Verkaufsstände des Neumarkts an der Paulusstraße zu erahnen. Die größte Wandlung machte das Bebauungsdreieck unterhalb der quer verlaufenden Herforder Straße und der Düppel- (heute Herbert-Hinnendahl-) und der Missundestraße sowie die nicht abgebildeten Industriekomplexe von Gildemeister und der Eilers-Werke durch: Sie wurden einschließlich des Hotels Kaiserhof ab 1987 für die Stadthalle abgebrochen. (Foto: Hamburger Aero-Lloyd, 1956)

Ein Platz als Spiegelbild deutscher Geschichte

Wenn man diese Aufnahme von 1960 mit der Gegenwart vergleicht, wird man viele gestalterische Eigenarten des Willy-Brandt-Platzes entdecken, welche die Zeit überdauert haben (abgesehen von dem augenfälligen Wegfall der Straßenbahntrasse). Unübersehbares Kontinuum bis heute dürfte das bis 1966 von der Industrie- und Handelskammer bezogene und danach von wechselnden Besitzern genutzte und heute denkmalgeschützte Gebäude an der Einmündung Paulusstraße sein. Noch 1957 bezeichnete die Bielefelder Presse diesen verkehrstechnischen Knotenpunkt neben Jahnplatz und Kesselbrink als „Sorgenkind der Stadt". Wie ein roter Faden durchzieht auch eine gewisse Umbenennungstradition die Historie der als Kreisel „getarnten" Kreuzung: 1957 wurde der ursprüngliche Düppelplatz wegen der deutsch-deutschen Teilung und dem damit zusammenhängenden Gedenk- und Feiertag am 17. Juni in Berliner Platz umbenannt. Bis heute erinnert der „Meilenstein", eine am „Berliner Bären" orientierte Skulptur im Kreisel, hieran. Angesichts des wiedervereinigten Deutschlands und des Todes von Willy Brandt bekam der Platz im Januar 1993 seinen heutigen Namen. (Foto: Rudolf Möller, Freie Presse, um 1960)

An der Karl-Eilers-Straße

So präsentierte sich der Blick von der Bahnhofstraße in die Karl-Eilers-Straße an einem sonnigen Tag im Juni 1956. Das Kürzel R52 auf dem Kennzeichen des als Fahrschulwagen ausgewiesenen Opel Kapitän stand gemäß dem damaligen Kennzeichensystem für Nordrhein-Westfalen (R) und die Region Bielefeld Land (52). In dem Gebäude auf der Ecke – Karl-Eilers-Straße 1 – befand sich zum Zeitpunkt der Aufnahme das Feinkostgeschäft Mackensen & Co., direkt daneben verkaufte Karl Michaelis Lederwaren und Schuhmacherbedarf. Die Fassade mit dem vorspringenden Mittelteil und den Schmuckelementen wurde in den nachfolgenden Jahrzehnten kaum verändert. (Foto: Hans Niessen)

Verkehrswegespinne Jahnplatz

Unser Titelbild zeigt den Jahnplatz in Richtung Kesselbrink. Alle Straßenbahnlinien trafen sich hier, bevor die Linie 3 in die Herforder Straße abbog, die Linie 2 in die heutige Friedrich-Verleger-Straße (dieser Abschnitt der Heeper Straße wurde erst 1966 nach dem CDU-Lokalpolitiker benannt).

Und auch hier stellen sich Fragen, zumal das im Stadtarchiv in drei Versionen vorliegende Foto jeweils unterschiedlich datiert wird: 1953, August 1954 (aber warum so viele lange Mäntel?) und 1955. Wofür stehen die Menschenmengen rechts an, warum ist das 1929 eröffnete Haus der Technik (HdT) mit der Deutschland- und mutmaßlich der NRW-Fahne beflaggt? Im Bund war 1953 gewählt worden, im Land Ende Juni 1954. Zeigten die Kamera-Lichtspiele einen der Blockbuster von 1954: „Das Fenster zum Hof“, „Die Faust im Nacken“, „Fluss ohne Wiederkehr“ oder gar „Der Schrecken vom Amazonas“ des legendären Filmregisseurs Jack Arnold? Oder war es der Streifen „Columbus entdeckt Krähwinkel“, der in jenem August 1954 in Bielefelder Kinos lief? Das nicht zu Unrecht in Vergessenheit geratene Filmlustspiel wurde vom mitwirkenden Schauspieler Charles Chaplin jun., dem Sohn des ungleich berühmteren Vaters Charlie bei einem Besuch in Bielefeld Ende August 1954 persönlich beworben, währenddessen er auch einen Steinhäger trank. Und schließlich: Ist eine Weinbrand-Werbung über der 1870 gegründeten Löwen-Apotheke heute noch denkbar? (Foto: Hans Niessen, August 1954 (o. 1953 o. 1955))

Der Jahnplatztunnel entsteht

„Die Gleichzeitigkeit des Ungleichzeitigen“: Der Jahnplatz war und ist ein Ort der Modernisierung Bielefelds und der damit verbundenen notwendigen und anderen Mobilitätsdiskussionen. 1956 starteten die Arbeiten für den Bau des Jahnplatztunnels. Bei der Vorstellung der Jahnplatz-Pläne 1954 war noch von einem zusätzlichen Autotunnel die Rede gewesen, während allein die Stadtbahn oberirdisch verkehren sollte. Das Stadtbild jedoch konnte auch zehn Jahre nach Kriegsende nicht überall mit dem Fortschritt mithalten, wie das noch nicht mit einem Dach geschlossene zweite Obergeschoss der Firma Hettlage am rechten Bildrand ausweist. Erst am 29. September 1960 eröffnete das traditionsreiche Bekleidungshaus einen sechsgeschossigen Neubau. (Foto: Hans Niessen, September 1956)

Perspektivwechsel am Jahnplatz

Der Jahnplatz mit neuer Perspektive von der Löwen-Apotheke aus gesehen. Etwas verloren wirkt die Jahnplatz-Uhr inmitten von Gleisen, Oberleitungen, Asphalt, unauffälligen Tunnelabgängen und nachlässig gepflegtem Gestrüpp. Ihre Vorgängerin war im Februar 1911 als erste „Normaluhr", nach der sich das öffentliche Leben richten sollte, eingerichtet worden. Sie zeigte nach vier Richtungen die Zeit an und war sogar beleuchtet. Mit ihr verbunden war ein Verkaufsautomat für Stadtführer und -pläne. Die 1930 installierte, 12 Meter hohe Nachfolgerin erhielt spätestens 1932 den Spitznamen „Schlanke Eva". Das links gelegene Café Europa, gegründet von Heinrich Horstkotte (1887–1944), versprach nominell internationales Flair und wurde am 1. Oktober 1930 eröffnet. Mit der Eingemeindung u. a. von Schildesche, Sieker und Stieghorst am selben Tag übersprang Bielefeld die Marke von 100 000 Einwohnern und wurde Großstadt. (Foto: Rudolf Möller, Freie Presse, 1959)

Kahlschlag am Niederwall

Noch sehr „provisorisch" präsentiert sich der Niederwall auf dieser Aufnahme von 1955, was sicher auch an der im Bau befindlichen Rhein-Ruhr-Bank (ab 1957 Dresdner Bank) liegt, die im November des Jahres ihr Richtfest feierte. Ursprünglich am Jahnplatz beheimatet, war das Gebäude durch Kriegsschäden nur eingeschränkt nutzbar, außerdem verhinderte die starke Umgestaltung des zentralen Platzes den Wiederaufbau an alter Stelle. So fand die Bank ihren neuen Standort am äußeren Altstädter Kirchplatz, zwischen Landeskirchenamt, Ratscafé und Altem Rathaus gelegen. In Sichtweite, nur wenige Meter in nördlicher Richtung, erstreckte sich das im Krieg ebenfalls stark zerstörte Kaufhaus Opitz. Den Weg zwischen Bank und Kaufhaus säumten kleine Verkaufsbuden (unter anderem der Freien Presse), Baubaracken und eine große Anzahl parkender Autos, die bei näherer Betrachtung die Dominanz des VW Käfers auch für Bielefeld eindeutig belegen. Zur ganzen Wahrheit gehört aber ebenfalls, dass an gleicher Stelle nur einige Zeit zuvor schöne Baumreihen das Straßenbild prägten, die schließlich den Parkplätzen weichen mussten. (Foto: Hans Niessen, 1955)

Die Lawine zieht weiter

Ob das Flanieren an den Schaufenstern und Auslagen entlang des Oberntorwalls angesichts der sich vorbeischlängelnden Blechlawine noch Freude bereitet hat? Zugegebenermaßen, Liebhaber historischer Automarken werden auf dieser Aufnahme diverse interessante Modelle entdecken, auch der Oberleitungsbus („Obus") fällt ins Auge. Verschwunden sind mittlerweile die am Bildrand erkennbaren Gleise der Straßenbahn. An dieser Stelle steht heute ein Teil des durch den Künstler Joseph Beuys in den 1980er-Jahren inspirierten „Grünen Stadtrings", für den etwa 300 Linden als Allee gepflanzt wurden, die in ihrer Anlage an die Hufeisenform der alten Wallanlage erinnern sollen. (Foto: Günter Rudolf, 1965)

Abseits vom Jahnplatz

Der östliche Teil der Alfred-Bozi-Straße um 1963 – aufgenommen von der Ecke Elsa-Brändström-Straße in Richtung Nordosten. Im Hintergrund sind von links nach rechts die Gebäude Alfred-Bozi-Straße 21/22, 23 und 25 sowie ein Teil des Jahnplatzes zu sehen. Auf der Straße sind neben Pkws, Transportern und regulären Bussen zwei Oberleitungsbusse unterwegs, die sich als Verkehrsmittel in den 1950er- und 1960er-Jahren großer Beliebtheit erfreuten. Rechts im Bild sind mehrere Fahrzeuge der Spedition Wahl & Co. zu erkennen. (Foto: Günter Rudolf, Westfalen-Blatt)

Im neuen Gewand

Die Kreuzstraße – hier um 1962 – erhielt in den frühen 1950er-Jahren ein völlig neues Erscheinungsbild. Nachdem die von Fachwerkhäusern geprägte historische Bebauung während des Zweiten Weltkriegs weitestgehend zerstört worden war, wurden die erhalten gebliebenen Gebäude 1950 abgerissen, um eine – aus Gründen der Verkehrsplanung angestrebte – Verbreiterung der Straße zu ermöglichen. In den nachfolgenden Jahren entstanden entlang der Kreuzstraße neue Wohnhäuser. Im Hintergrund dieser Richtung Nordwesten aufgenommenen Fotografie ist das am 30. September 1944 zerstörte und 1949 provisorisch instandgesetzte Schützenhaus auf dem Johannisberg zu erkennen, das 1963 abgerissen wurde. (Foto: unbekannt)

Backwaren und Tabakduft

Der östliche Teil der Neustädter Straße im Jahr 1950 in Richtung Südosten. Zum Zeitpunkt der Aufnahme betrieb die Bäckerei Wilhelm Kölker in dem durch die Zerstörungen des Zweiten Weltkriegs noch relativ kahlen Straßenabschnitt eine kleine Außenstelle, der Hauptsitz des Familienbetriebs befand sich allerdings in der Breiten Straße 37/39. Auf der Werbetafel links im Bild werden unter anderem ein „Kabarett der Komiker" im Varietétheater Trocadéro, der am 2./3. September 1950 in Bielefeld abgehaltene Westfalentag sowie die Zigarettenmarken Collie und Texas beworben – Letztere kurioserweise mit dem Slogan „Duft und Süsse Virginias". Im Hintergrund sind die kriegszerstörten und zum Teil im Wiederaufbau befindlichen Häuser am Siekerwall zu erkennen. (Foto: unbekannt)

Am „Siggi“

Der Siegfriedplatz im Bielefelder Westen im Februar 1956 – aufgenommen von der Weststraße in Richtung Nordosten. Das Kürzel R66 auf dem Kennzeichen des geparkten Wagens stand gemäß dem damaligen Kennzeichensystem für Nordrhein-Westfalen (R) und die Region Bielefeld Stadt (66). Auf der Litfaßsäule am südwestlichen Rand des Platzes wird Nescafé beworben. Im Hintergrund ist die zwischen 1906 und 1908 errichtete Bürgerwache zu sehen, in der sich zum Zeitpunkt der Aufnahme das Zweigpostamt 4 sowie das 1. Polizeirevier befanden. (Foto: Hans Niessen)

Wohnen in Stieghorst

Um der akuten Wohnungsnot entgegenzutreten, entstanden in der Nachkriegszeit in Bielefeld zahlreiche neue Wohnsiedlungen. Hierzu gehörte auch die Anfang der 1960er-Jahre von der Baugenossenschaft Freie Scholle erbaute Siedlung an der Memeler und der Insterburger Straße in Stieghorst. Diese Richtung Nordwesten aufgenommene Fotografie stammt von 1965. (Foto: Erich Borowka, Freie Presse)

Baumheide entsteht

Nach dem Zweiten Weltkrieg war die Anspannung auf dem Wohnungsmarkt groß: Flüchtlinge strebten in die Stadt, die Einwohnerzahlen schnellten nach oben. 1952 lebten in Bielefeld über 34 000 Personen, die geflüchtet beziehungsweise vertrieben worden waren. Weil Anfang der 1960er-Jahre zudem nicht ausreichend Bauland zur Verfügung stand, beschloss die Stadt, mehrgeschossige Häuser mit Flachdach zu errichten. In der Straße Am großen Weil bediente man sich des bereits für die Entwicklung Sennestadts grundlegenden Modells der Trabantenstadt, diesmal jedoch auf städtischem Grund. Die im Vordergrund weidenden Schafe versinnbildlichen gut, wie die von der Genossenschaft Freie Scholle errichteten Gebäude im wahrsten Sinne des Wortes auf grüner Wiese gebaut wurden. Am 5. Dezember 1963 feierte die Stadt das Richtfest der Siedlung, die den Anfang für den nun entstehenden Stadtteil Baumheide bilden sollte. Besonderes Highlight war die Erdgasheizung, mit der jede der 320 Wohnungen ausgestattet war. (Foto: unbekannt, 1967)

Verkehr & Mobilität

Ein Bombentreffer und seine Folgen

Neben dem großen Luftangriff auf Bielefeld vom 30. September 1944 ist die Zerstörung des Schildescher Viadukts am 14. März 1945 durch eine „Grand Slam"-Bombe der britischen Royal Air Force vermutlich das folgenschwerste Ereignis, wenn es um Kriegszerstörungen in Bielefeld geht. Das bedeutete jedoch nicht die Einstellung des Bahnverkehrs, bestand doch bereits seit 1944 eine angesichts der regelmäßigen Bombardierung prophylaktisch angelegte Umgehungsbahn, die sogenannte Gummibahn. Ab April 1947 führte wieder eine behelfsmäßige Stahlbrücke über die Reste des Viadukts, die allerdings nur den Güterverkehr aufnehmen konnte, Personenzüge wurden weiterhin über die „Gummibahn" umgeleitet. Am 3. Juni 1964 wurde der Viadukt durch die Fertigstellung der neuen Spannbetonbrücke schließlich auch für den Personenverkehr freigegeben. Die alte Stahlbrücke wurde erst in den 1980er-Jahren entfernt, als auch für die „Gegenspur" eine entsprechende Brücke errichtet wurde. Lagerplatz für die beim Wiederaufbau zu beseitigenden Trümmer war unter anderem der nahe gelegene Halhof, der bis etwa 1965 Eigentum der von Bodelschwinghschen Anstalten war, die dort eine Außenstelle des Diakonissenhauses Sarepta betrieben. (Foto: Gerhard Sohrmann, 1955)

Mopeds & Motoroller

Wie an einer Perlenkette aufgereiht stehen die Mopeds und Motoroller an der August-Bebel-Straße 16–18, Ecke Albrechtstraße. Ladeninhaber und Händler der Vehikel war der aus Gellershagen stammende Erich Voss. Im August 1953 hatte er seinen Betrieb beim städtischen Ordnungsamt als „Verkaufsstelle für Motorräder“ an-, jedoch drei Jahre später auch schon wieder abgemeldet. Voss hatte Konkurs anmelden müssen, saß in U-Haft und die Staatsanwaltschaft ermittelte wegen Urkundenfälschung, Betrug und Unterschlagung, wie die Bielefelder Zeitungen berichteten. Das daneben befindliche Auto-Hotel Stüwe schloss seine Türen 1959. Das Gebäude wurde von der Post angemietet, unter anderem für die Technikabteilung und die Paketabfertigung. (Foto: Hans Niessen, 1955)

Auf nach Sieker

Am Jahnplatz wurde seit jeher und wird wohl auch weiterhin viel diskutiert und gern verändert. Die 1900, 1902 und 1928 eingerichteten drei Straßenbahnlinien kreuzten jeweils den Jahnplatz, die Linie 3 aber nur bis 1957. Die Linie 2 pendelte über das Landgericht zwischen dem Hauptbahnhof und Sieker. Insgesamt 39 der in Düsseldorf produzierten Duewag-Einheitsgelenkwagen GT 6 beschaffte Bielefeld zwischen 1957 und 1963. In den 1980er-Jahren wurden die GT 6 nach und nach ausgetauscht und zum Teil nach Österreich, Polen und Rumänien verkauft.

Das rechts im Hintergrund erkennbare Commerzbank-Gebäude von 1908 wurde 1968 für einen Neubau abgebrochen. Im dominanten Gebäude des Bekleidungshauses Wameling (links), das Ende September 1957 eröffnet worden war, wurden später Bücher verkauft, seit 2013 Sportbekleidung. An diesem Standort war zuvor das Damenkonfektionsgeschäft Gumpert, das Anfang 1936 im Rahmen einer „Arisierung" von Wameling übernommen worden war. (Foto: Karl Geue, um 1960)

Endstation Sieker mit dem Obus

Zwei „Obus"-Linien verkehrten in Bielefeld und kreuzten sich am Jahnplatz und am Scherkamp. Die ersten Alfa-Romeo-Fabrikate waren seit 1944 im Einsatz gewesen, um den kriegsbedingten Kraftstoffmangel zu überbrücken. Das Konzept überdauerte die unmittelbare Nachkriegszeit, hielt aber danach nicht lange an: Die Linie 4 der Oberleitungsbusse pendelte nur bis 1968 zwischen dem (heutigen Alten) Rathaus am Niederwall und Heepen. Die Linie 14 vom Wellensiek über die Rudolf-Oetker-Halle und das Rathaus bis nach Sieker (Foto) wurde sogar schon im Juni 1964 eingestellt. Im Hintergrund sind die 1903 gegründeten Präzisionswerke zu erkennen, die Fahrradteile herstellten. (Foto: unbekannt, 1951)

Straßenausbau Richtung Heepen

Ein solches Bild ist heute in dieser Form nur noch in Braunkohletagebau-Gebieten, vor allem aber nicht mehr ohne Protest denkbar. Der wirtschaftswunderbewegte Fortschrittsglaube der 1950er-Jahre räumte dem Individualverkehr Vorrang ein. Die Prognosen für einen zunehmenden Autoverkehr bestätigten sich, wurden bald übertroffen und machten einen Ausbau des Verkehrswegenetzes erforderlich, so wie hier an der Ecke Heeper Straße/Ziegelstraße im Bereich der Radrennbahn. Die lange Baumreihe wurde offensichtlich nicht mit der Säge niedergelegt, sondern mit Baggern oder Bulldozern. (Foto: Eduard Heidmann, 1958)

Tiefgarage und Busbahnhof am Kesselbrink

Anfang der 1960er-Jahre kam in Bielefeld auf fünf Personen ein Auto – eine bis zu diesem Zeitpunkt unfassbar hohe Quote, wobei die Spitze noch nicht erreicht war, was auch die zeitgenössischen Prognosen deutlich machten. Dementsprechend sah sich der Stadtrat gezwungen, die bestehende und zu erwartende Parkraumnot zu beheben. Ganz nach dem Motto „Autos gehören unter die Erde" wurde zwischen 1961 und 1965 eine Tiefgarage unter dem Kesselbrink realisiert (Bild links), zugleich entstand oberirdisch, neben weiteren Parkplätzen, ein hochmoderner Busbahnhof, auf dem über 1000 Busse täglich 60 000 Personen nach Bielefeld und zurück beförderten (Bild rechts). Auf den zwei Ebenen parkten zusätzlich jeden Tag über 5000 Autos. In der Presse wurde das Großprojekt überwiegend begrüßt, es gab aber auch mahnende Stimmen, die zu Baubeginn den „Kahlschlag" der markanten Baumreihen am größten Platz der Stadt monierten. Noch in den 1930er-Jahren war der ehemalige Turn- und Exerzierplatz eine 1926 durch Arbeitslose angelegte große Parkanlage und somit Naherholungsgebiet für die anwohnenden Arbeiter der Industriebetriebe gewesen – das ist angesichts des heutigen Erscheinungsbildes kaum noch vorstellbar. Schon 1961 war unweit vom größten Platz der Stadt das Gebäude der Polizeidirektion gebaut worden. (Foto links: Eduard Heidmann, 1961; Foto rechts: unbekannt, um 1965)

Verteilzentrum Adenauerplatz

Achtung – optische Täuschung! Es handelt sich nicht um einen Spielteppich für Matchbox-Autos, sondern um den Bielefelder Adenauerplatz mit origineller Verkehrsführung, die ohne Ampeln auskommt und durch eine komplexe Anordnung von Zebrastreifen, Kreisverkehren und Stopplinien eine hohe Aufmerksamkeit verlangt, aber auch deren strikte Beachtung voraussetzt. Er ähnelt ein wenig dem „Magic roundabout" (Kreisverkehr) im südenglischen Swindon und funktionierte anscheinend auch. Die Stadtbahn an der Detmolder Straße ist noch ebenso wenig vorhanden wie die Kunsthalle. Bemerkenswert ist auch die Gleisführung links um das Gebäude herum. (Foto: Günter Rudolf, 1962)

Vielerlei Werbung an der Herforder Straße

Erinnerung an eine Zeit, als Zebrastreifen lediglich als Halte-Empfehlung ohne direkte Aufforderung begriffen wurden. Aber die weißbeschuhten Damen an der Herforder Straße scheinen es mit Humor zu nehmen und auf den 1. Juli 1964 zu warten. Ab dann nämlich sollten Fußgänger an den Überwegen im Vorrecht sein. Die mehrfachen Baustellen- und Umleitungshinweise deuten sehr früh den ironisch abgewandelten Marketing-Slogan Bielefelds der 1980er-Jahre als „Die freundliche Stadt am Teutoburger Wald“ an: „Die freundliche Baustelle …“ Aber die Bielefelderinnen und Bielefelder nehmen es heiter-gelassen. Sind wir nicht – auch ohne Bluna-Limonade – alle ein bisschen Bielefelder? (Foto: Eduard Heidmann, 1962)

In Memoriam

Angesichts der steigenden Zahl an Verkehrstoten pro Jahr wurde in den 1950er-Jahren auf teils eindringliche Art und Weise versucht, die Bevölkerung zu mehr Achtsamkeit im Straßenverkehr zu bewegen. Zu derartigen Maßnahmen gehörte auch dieses an der Heeper Straße aufgestellte Schild, das in drastischer Form an einen tödlichen Verkehrsunfall an dieser Stelle erinnerte. (Foto: Erich Borowka, Freie Presse)

Aktion „Gelbe Flagge!“

Kein Witz! Die Aktion „Gelbe Flagge!“ in Bielefeld sollte Fußgängern mehr Sicherheit geben, um Unfälle „auf das unvermeidliche Maß zurückzudrängen“, wie die Westfälische Zeitung am 4. August 1964 berichtete. Seit dem 1. Juni 1964 waren Fußgänger an Zebrastreifen eigentlich bevorrechtigt, was bis heute nicht absolute Sicherheit verheißt. Am 3. August 1964 startete der Fähnchenschwenk-Verkehrsversuch an der Friedrich-Ebert-Straße und an der Stapenhorststraße, den der CDU-Ratsherr Richard Dohse (1926–1998) nach Beobachtungen bei einem Tokio-Besuch initiiert hatte. Einen Tag später waren von 32 Fähnchen nur noch acht vorhanden. Das Experiment fand ein bundesweites, manchmal belustigtes Presseecho. Augsburg, Braunschweig und Hannover befragten das Straßenverkehrsamt zu den gemachten Erfahrungen. Bis Ende September 1964 waren insgesamt 250 Fahnen verschwunden, am Ende des Jahres waren von 350 noch 20 übrig, sodass der Versuch eingestellt wurde. Die erhofften präventiven Wirkungen blieben offensichtlich hinter den Kosten von 1 DM pro Fähnchen zurück.

Mit großem Vertrauen auf die Fahnen queren hier drei beschlipste Herren am Volksbank-Gebäude die Friedrich-Ebert-Straße. Bei dem rechts vermeintlich heranrauschenden Opel Rekord P2 handelt es sich um eine aus dramaturgischen Gründen eingefügte, aber eher nachlässig ausgeführte Fotomontage. Schäden an der Motorhaube und am Kennzeichen deuten indes auf anderswo gezeigte fahrerische Mängel. Die Westfälische Zeitung leitete ihren Bericht übrigens ebenso humorüberzeugt wie geschichtsvergessen mit einer HJ-Liedzeile ein: „Unsere Fahne flattert uns voran – können Bielefelds Fußgänger ab gestern sagen.“ (Foto: Erich Borowka, Freie Presse, 1964)

Rauf und runter im Jahnplatztunnel

„Zähle ich jetzt die mit Hüten oder du?“, könnte sich das junge Paar am linken Bildrand fragen. Der Jahnplatztunnel galt 1957 als die städtebauliche Sensation. Städteplaner pilgerten nach Bielefeld, um die gefeierte Unterordnung der Fußgänger unter den Kraftverkehr zu bestaunen. Vier Jahre später geißelte die FDP ihn im Kommunalwahlkampf bereits als „hoffnungslos veraltet“. Dennoch haben die Bielefelder sich mit ihm arrangiert und dem oberirdischen Individualverkehr das Feld überlassen. 2023 wurde der Tunnel als Ort für Geschäfte aufgegeben. Es ist bis auf Weiteres unklar, wie es am Jahnplatz weitergeht und was das Pärchen wofür exakt zählte. (Foto: Erich Borowka, Freie Presse, 1957)

Geschenke am Arbeitsplatz

Dieser Verkehrspolizist, der um 1963 an der Gütersloher Straße (seit September 1966 Artur-Ladebeck-Straße) nahe dem Betheleck den Straßenverkehr regelte, war offensichtlich auch während der Dienstzeit der Annahme von – mutmaßlich alkoholischen – Weihnachtsgeschenken nicht abgeneigt. Rechts im Hintergrund dieser Richtung Südwesten aufgenommenen Fotografie ist die 1896/97 erbaute und 2007 zu einem Restaurant umfunktionierte Martini-Kirche zu erkennen, die sich zum Zeitpunkt der Aufnahme unter der Adresse Gütersloher Straße 47 befand. (Foto: Eduard Heidmann, Westfalen-Blatt)

K(l)eine Schülerlotsen für Bielefeld

Erstmalig 1953 wurden „Lotsen“ in Deutschland eingesetzt, um Schülerinnen und Schülern einen sicheren Schulweg zu ermöglichen. In Bielefeld stieß die Umsetzung dieser Idee auf teilweise erbitterten Widerstand seitens der Lehrer- und Elternschaft, der ab 1961 auch über die Presse zum Ausdruck gebracht wurde. Man fürchtete um die Sicherheit der als „Hilfspolizei“ eingesetzten Kinder und Jugendlichen, befürchtete schlechtere Noten und wollte sich grundsätzlich der „Mode des Schülerlotsendienstes“ nicht anschließen. Dem widersprach nicht nur die Erfahrung des Landkreises Bielefeld, der in seinen Kommunen bereits seit 1956 auf dieses Sicherheitskonzept setzte. Auch die Verkehrswacht und die heimische Polizei unterstützten die Haltung des Kreises. 1962 sprach sich gar der Detmolder Regierungspräsident für den Einsatz von Schülerlotsen aus. Im Herbst desselben Jahres wurde das Projekt indes als „endgültig gescheitert“ bezeichnet. Es ist nicht bekannt, seit wann Schülerlotsen in der Stadt aktiv sind; ihren Nutzen für die Verkehrssicherheit bezweifelt heute niemand mehr. (Foto: Otto Sudmann, 1960er-Jahre)

Asphalt-Pennäler

Der am 23. September 1957 feierlich eingeweihte Verkehrskindergarten an der Schwartzkopffstraße/Ecke Gellershagener Straße (später Mielestraße) um 1965. Der auch als Verkehrserziehungsgarten bezeichnete Übungsplatz war die 47. Anlage dieser Art in der Bundesrepublik und sollte dazu beitragen, die in den 1950er-Jahren stetig steigende Zahl an Verkehrstoten pro Jahr einzudämmen und die Bielefelder Jugend – wie es die Westfälische Zeitung ausdrückte – „jahnplatzsicher" zu machen. 1979 wurde der Verkehrskindergarten auf das Gelände der ehemaligen Ziegelei Klarhorst an der Apfelstraße verlegt. (Foto: Otto Sudmann, Freie Presse)

Der OWD fordert seine Opfer

Auch wenn es bei den durchaus schön anzusehenden Häusern nicht unbedingt zu erwarten ist, war das Ende dieser Gebäude an der Friedhofsstraße zum Zeitpunkt der Aufnahme bereits beschlossene Sache. Sie wurden 1968 abgerissen, um den nötigen Platz für die Stadtautobahn zu schaffen, offiziell bezeichnet als B 61 neu, heute eher bekannt unter den Namen Ostwestfalendamm oder kurz OWD. Der (ehemalige) Straßenzug wurde im Zuge der Bauarbeiten auf das Höhenniveau der Bahngleise abgesenkt. 1975 wurde ein erstes Teilstück der Bundesstraße bis zum Johannistal freigegeben. Nach massiven zivilgesellschaftlichen Protesten, auch wegen der im Kontrast zum Häuserabriss stehenden akuten Wohnungsnot, wurde von der weiteren Planung, die einen Anschluss an zwei Bundesautobahnen vorsah, abgesehen. Insgesamt wurden, bedingt durch das Mega-Bauprojekt, etwa 135 Häuser abgebrochen. (Foto: Erich Borowka, 1968)

Tanken an der Neustädter Straße

Die 1932 von dem Bielefelder Kaufmann Ernst Rückwarth (1904–1967) gegründete Firma Ernst Rückwarth GmbH & Co KG betrieb in den 1950er- und 1960er-Jahren mehrere Tankstellen im Raum Bielefeld. Zu diesen gehörte seit dem 30. April 1953 auch die Großtankstelle an der Neustädter Straße 18. Die neue Tankstelle, die laut Westfalen-Blatt „Zweckmäßigkeit mit architektonischer Schönheit" verband, bestach nicht nur durch eine damals vollkommen neuartige Dachkonstruktion und vier leicht zu meisternde Zufahrten, sondern bot ihrer Kundschaft darüber hinaus zwei Waschhallen mit Hebebühne und Warm- und Kaltwasserleitung sowie mehrere lichtdurchflutete Aufenthaltsräume mit Glaswänden. In den 1990er-Jahren diente die mittlerweile stillgelegte Tankstelle dem Büro für Kunst als Domizil, danach musste die Anlage einer Neubebauung weichen. Links im Hintergrund dieser – anlässlich der Eröffnung der Großtankstelle entstandenen und Richtung Nordwesten aufgenommenen – Fotografie ist der Turm der St.-Jodokus-Kirche zu erkennen. (Foto: unbekannt, Westfälische Zeitung)

Europa wächst (auch in Bielefeld) zusammen

Bielefeld als Zwischenstation transnationaler Verflechtungen, hier symbolisiert durch einen Zug des Trans-Europ-Expresses (kurz TEE) im Bielefelder Bahnhof. Bei den TEE-Zügen handelte es sich um ein Ende der 1950er-Jahre aufgenommenes Verkehrsprojekt, das den Zugverkehr durch verschiedene europäische Länder befördern sollte. Zu sehen ist ein Diesel-Triebzug der Baureihe 601, der von deutscher Seite gerade zu Beginn regelmäßig für die Express-Züge eingesetzt wurde. Durch die beteiligten Länder wie z. B. die Niederlande, Frankreich oder Italien, wurde das europaweite Reisen deutlich vereinfacht. (Foto: Günter Rudolf, um 1970)

In Bielefeld hebt niemand ab

Anfang 1963 wurden bereits bestehende Pläne zum Bau eines Flughafens in Bielefeld zunehmend konkreter, als sich mit dem Nagelsholz, einer Fläche zwischen Spenge, Jöllenbeck und Werther, eine scheinbar tragfähige Lösung anbot. Der Bau eines Regionalflughafens war bis dato vor allem durch die Industrie- und Handelskammer forciert worden, die sich vor allem positive Effekte für die lokale Wirtschaft versprach. Vorangetrieben wurde die vom Land NRW unterstützte Idee eines Flughafens im Nagelsholz vorrangig seitens der Stadt und des Landkreises Bielefeld, während die umliegenden Kommunen aufgrund der zu erwartenden Belastungen von einer Beteiligung absahen. Die zögernde und stellenweise klar ablehnende Haltung dieser Akteure führte schließlich 1980 – fast 20 Jahre später – zur endgültigen Einstellung der Planungen. Die Aufnahme von 1966 zeigt die von den Planern projektierte Start- und Landebahn. (Foto: unbekannt, 1966)

Konsum & Wohlstand

Markttreiben auf dem Neumarkt

Nicht Kaunitz, sondern Bielefeld: Auf dem Neumarkt nördlich des Kesselbrinks konnten bis in die 1970er-Jahre auch Tiere gekauft werden. In eigentlich wenig einladender Atmosphäre wurde im Schenkel von Paulus- und Kavalleriestraße schon seit Kaisers Zeiten um Gemüse, Obst und Federvieh gefeilscht. Ihre Verkaufsstände lagerten die Händler in ebenso praktischen wie schmucklosen Wellblechhütten. Im Hintergrund lugen der Ostmannturm und die Luisenschule herüber. An gleicher Stelle residieren seit 2012 das Stadtarchiv und die Stadtbibliothek. (Foto: Rudolf Möller, Freie Presse, 1957)

Betriebsame Niedernstraße

Und wieder einmal Rätselraten. Die Aufnahme macht früh die Notwendigkeit einer Fußgängerzone im Bereich der Niedernstraße deutlich, zumal noch nicht einmal eine Straßenbahn unterwegs ist. Die 1954 fotografierte Menschenansammlung scheint eine Ursache zu haben, die weder in dem Opel Blitz noch in dem im Bau befindlichen Kaufhaus Opitz zu liegen scheint; dieses war 1938 aus der „Arisierung“ des jüdischen Textilkaufhauses Alsberg hervorgegangen. Die Straßen sind nicht geschmückt, ein Schützenfest wurde also nicht gefeiert. Auch von einem Empfang der deutschen Fußballweltmeister von Bern 1954 ist nichts bekannt. (Foto: unbekannt, 1954)

Weihnachtsmarkt

„Versuch macht kluch“: Beim Weihnachtsmarkt 1957 wurde die Niedernstraße vorübergehend als Fußgängerzone ausgewiesen, um Erfahrungen mit diesem Konzept zu sammeln. Es sollte allerdings bis 1969 dauern, ehe sich Bielefeld dem Fußgängerzonen-Trend anschloss. Fußgängerzonen hatte es in Deutschland nämlich bereits in den 1920/30er-Jahren vereinzelt gegeben, sie konnten sich aber erst nach dem Zweiten Weltkrieg nach und nach flächendeckend durchsetzen, als die kriegszerstörten Innenstädte neu aufzubauen und zu gestalten waren. 1960 gab es in der Bundesrepublik nur in 31 Städten Fußgängerzonen, der große Boom fand erst Anfang der 1970er-Jahre statt. Die von der Bielefelder Presse als „Fußgänger-Paradies“, „Fußgängeroase“ oder „Fußgänger-Eldorado“ gefeierte verkehrsberuhigende Maßnahme war der Auftakt für weitere Fußgängerzonen in der Bahnhofstraße 1970, der Rathausstraße 1973, der Obernstraße 1974, der Gold- und der Neustädter Straße 1974 und schließlich im Gehrenberg ab 1978. (Foto: Eduard Heidmann, 1961)

„Signaturen der Nacht“

So lautet ein Buchtitel Fabian Wurms zur Geschichte der Leuchtwerbung. In den 1950er-Jahren war Leuchtreklame ein strahlendes Sinnbild für das Wirtschaftswunder mit Wohlstand und Konsum. In dieser Collage vom Jahnplatz verliert sich die berühmte Uhr inmitten der individuell gefertigten Werbungen lokaler Geschäfte und überregionaler Unternehmen: vom Central-Kaufhaus, der Freien Presse, der Löwen-Apotheke, Mertens, Riemeier und dem Skala-Kino bis hin zu Hoechst, Philips, einer Witwen- und Waisenkasse und einem Hersteller obligatorischen Weinbrands. Die Abwesenheit vollständiger Dunkelheit war seinerzeit ein Signum der Stadt. Von schädlichen Lichtemissionen sprach noch niemand. (Foto: unbekannt, 1959)

Ein Modegeschäft für die Damen

Im September 1957 öffnete das Modegeschäft Wameling in einem Neubau am Jahnplatz seine Türen für die Bielefelder Damen. Kurz vor der Einweihung dürften die beiden Bauarbeiter (rechts oben) eine besonders gute Aussicht auf den Oberntorwall und die Alfred-Bozi-Straße gehabt haben, wobei in schwindelerregender Höhe von fast 30 Metern Arbeitssicherheit anscheinend nur ein theoretischer Gesichtspunkt war. Das achtgeschossige Gebäude wechselte mehrfach den Besitzer und steht heute unter Denkmalschutz. Bereits im Winter 1951 feierte das gegenüberliegende Kino Astoria seine Premiere, das zu diesem Zeitpunkt mit etwa 1000 Sitzplätzen das größte Lichtspielhaus Bielefelds war. Betreiber war Fritz Rothschild (1904–1985), der damit in Bielefeld sein drittes Kino leitete. (Foto: Hans Niessen, 1957)

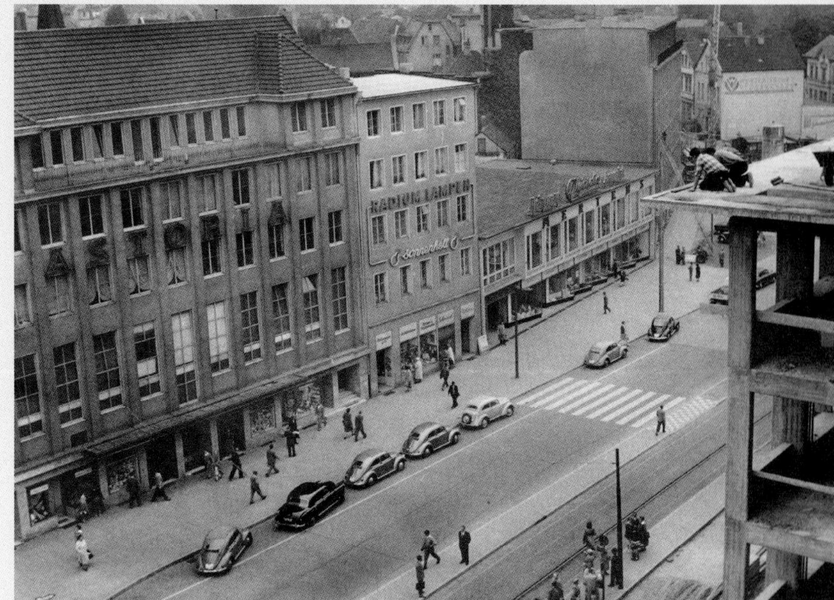

Bielefelder Kaufhauskultur

Etwas trostlos wirkt dieser Blick in die Stresemannstraße. Das im November 1928 in Bielefeld eingerichtete Kaufhaus der Kette Kepa hat noch nicht den Glanz späterer Tage, erst 1957 stand ein moderner mehrgeschossiger Bau an gleicher Stelle. Während der Bauphase hatte man den Verkauf in eine „Zeltstadt" in unmittelbarer Nähe verlagert. 1959 eröffnete gegenüber das ursprünglich jüdische und 1937 arisierte Kaufhaus Katag, 1964 folgte der Kepa-Mutterkonzern Karstadt auf der anderen Seite der Bahnhofsstraße. In die hier noch zu sehende Baulücke an der Stresemannstraße stieß 1977 die City-Passage und damit das erste echte Einkaufszentrum für Bielefeld vor. In das (erweiterte) Kaufhaus Kepa zog Ende der 1970er-Jahre übrigens Quelle; der Versandhändler hatte seinen Sitz bis dato am Jahnplatz gehabt. Von einstmals zwölf Warenhäusern in der Stadt wird mit Karstadt Ende Januar 2024 das letzte aufgegeben. (Foto: Rudolf Möller, Freie Presse, um 1954)

Barkauf im Kaufhaus

Die Kaufhauskreuzung Bahnhofstraße/Feilenstraße mit C&A (beziehungsweise Brenninkmeyer), Woolworth und vielen Details. 1841 hatten Clemens (C) und (&) August (A) Brenninkmeijer im niederländischen Sneek ein Unternehmen gegründet, das sich zum großen Bekleidungsgeschäft mit zahlreichen Filialen entwickelte. Der Bau der Bielefelder Filiale begann im Juli 1956 und war bereits im März 1957 abgeschlossen. An der Fassade prangt der C&A-Slogan „Barkauf ist doch vorteilhafter". In den 1990er-Jahren folgte ein Neubau für das salopp als „Klamotten-August" (oder „-Anton") titulierte Textilkaufhaus.

Das 1959 entstandene Wimmelbild birgt zahlreiche Werbe-Entdeckungen, etwa für Weinbrand, das Westfalen-Blatt, Strümpfe und Zahnpasta. Aber warum haben es die beiden Damen rechts im Vordergrund so eilig und wo meint der Herr an der Straßenbahn links ausgestiegen zu sein? Wir werden es nicht erfahren. (Foto: Otto Sudmann, Freie Presse, 1959)

Eine Stadt wird elektrisch

1963 machte die Umstellung der Straßenbeleuchtung auf Elektrizität einen Austausch der Laternen notwendig. So wurden die bisherigen Gaslaternen durch elektrische Pendants – unter anderem die sogenannten Peitschenleuchten – ersetzt. Letztere ließen sich vor ihrer Aufstellung auch als Spielgerät verwenden, wie die sechs – teilweise kostümierten – Jungen auf dieser Aufnahme beweisen, die wahrscheinlich in der Nähe des Tierparks Olderdissen entstanden ist. (Foto oben: unbekannt)

Amtshilfe etwas anderer Art: Bei der Länge der Straßenlaterne ist es nicht verwunderlich, dass die Aufsteller die Unterstützung der Bielefelder Berufsfeuerwehr in Form des Drehleiterwagens benötigten, als sie die Laterne an der Kreuzung Koblenzer Straße/Kreuzstraße/Gütersloher Straße, dem heutigen Adenauerplatz, aufrichteten. Hintergrund war vermutlich der Ratsbeschluss am 20. Juni 1961, der einen vollständigen Wechsel von gasbetriebenen zu elektrischen Laternen beinhaltete. An gleicher Stelle steht übrigens auch heute noch eine hohe Straßenlaterne, um den weitläufigen Platz auszuleuchten. Auch das im Hintergrund zu sehende Haus mit der Coca-Cola-Werbung hat die Zeit überdauert. (Foto links: Eduard Heidmann, 1961)

Wohin mit dem Abfall?

Mit dem „Wirtschaftswunder“ der frühen Bundesrepublik und dem damit zusammenhängenden Wohlstandswachstum ergab sich ein neues Problem, das die Stadt Bielefeld vor große Herausforderungen stellte: Wohin mit dem zunehmenden Abfall? Weil die Müllberge buchstäblich in die Höhe wuchsen, suchte man den Schulterschluss mit dem Kreis Bielefeld, um gemeinsam eine Lösung zu finden. Verschiedene Überlegungen mündeten in der seit 1973 im Zuge der Gebietsreform vereinigten Stadt schließlich in den Bau einer Müllverbrennungsanlage. Die sogenannte MVA nahm im Jahr 1981 den Probebetrieb auf. Die Fotografie, aufgenommen 1960, zeigt zwei Lastkraftwagen der Stadtreinigung, die ihr „Gut“ auf der sogenannten Galgenheide abladen, dem alten Richtplatz Bielefelds und ab 1955 Mülldeponie für Hausabfälle. (Foto: Eduard Heidmann, 1960)

Wirtschaft & Arbeit

Mobile Werbung

Die Werbeflotte des im März 1946 erstmals erschienenen Westfalen-Blatts zog in den 1950er- und 1960er-Jahren nicht nur – wie hier 1963 – vor dem Redaktionsgebäude an der Sudbrackstraße 16, sondern in der gesamten Stadt Bielefeld ihre Kreise. Auf vier der fünf Fahrzeuge wird die Sportveranstaltung „Treffpunkt der Asse" beworben. (Foto: Eduard Heidmann, Westfalen-Blatt)

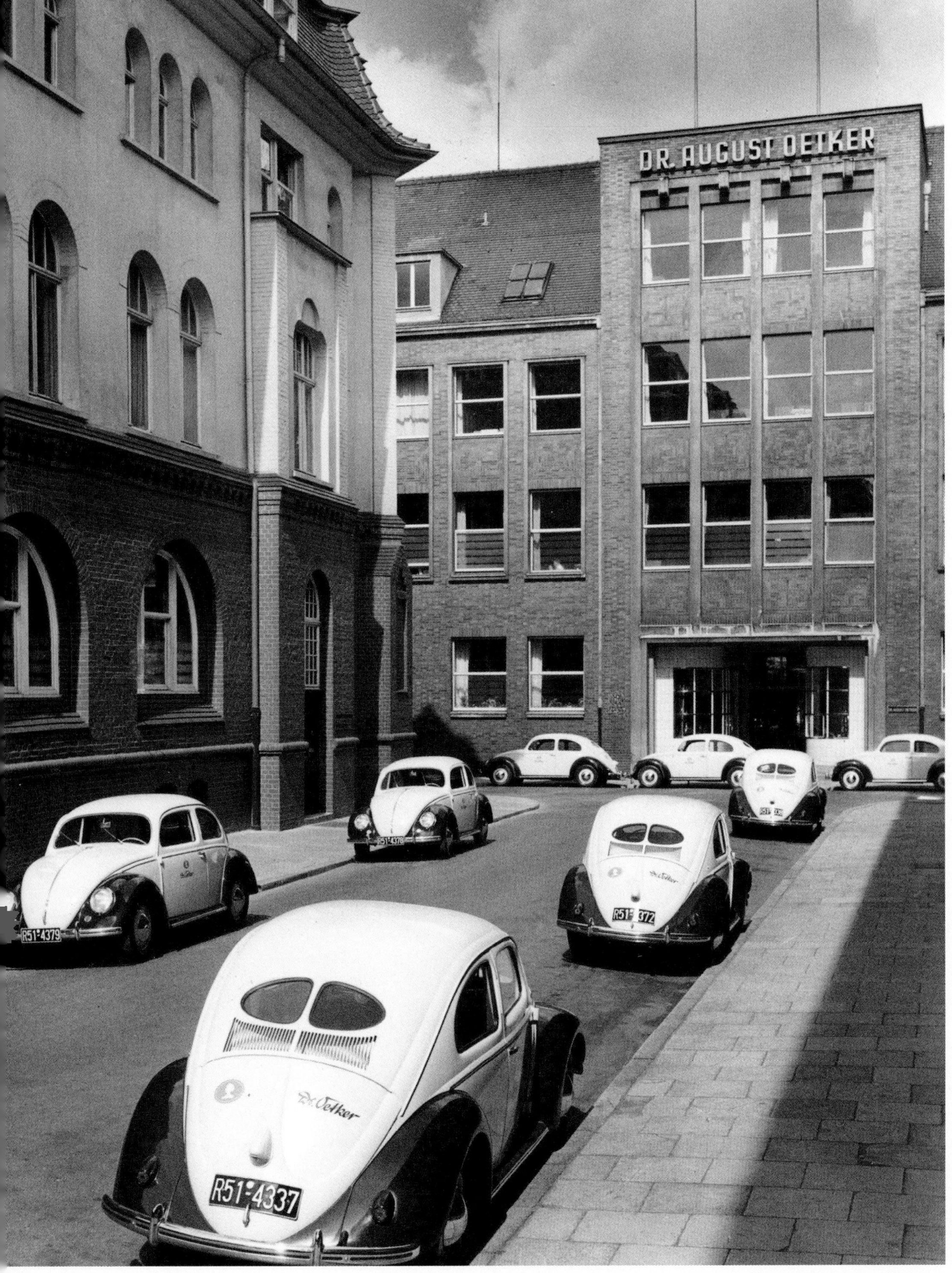

Beim „Puddingprinzen“

Das 1891 gegründete Unternehmen Dr. Oetker war und ist neben der Arminia und Bethel wohl eines der bekanntesten Markenzeichen Bielefelds. Dr. August Oetker (1862–1918) war nicht der Erfinder des Backpulvers, sondern seiner portionsweisen Verpackung für den Hausgebrauch. Mit cleverem Marketing entwickelte er das Unternehmen zum Nährmittel-Marktführer in Deutschland. Nach dem Zweiten Weltkrieg diversifizierte sein Enkel Rudolf-August Oetker (1916–2007) das Geschäft, indem er zusätzlich auf Sekt, Spirituosen und Hotels setzte, vor allem aber auf den Schiffsbau. Über die Reederei-Geschäfte des „Puddingprinzen“ berichtete das Nachrichten-Magazin Der Spiegel am 18. Dezember 1957 auf nicht weniger als 13 Seiten und katapultierte das Unternehmen damit auch in die bundesdeutsche Öffentlichkeit. (Foto: unbekannt, 1954)

Am Leinenfaden

Bielefeld hing seit dem Mittelalter am Leinenfaden, exportierte seit jeher Leinen, das im Umland produziert wurde. Spinnereien arbeiteten seit den 1850er-Jahren maschinell, Nähereien verarbeiteten das Garn vor Ort zu Bekleidung und Tischwäsche. Bald entstanden Nähmaschinenfabriken wie Baer & Koch, Kochs-Adler, Anker, Hengstenberg, Gildemeister oder ab 1867 Dürkopp. Die abgebildeten Näherinnen arbeiten an einem Umlaufförderer 755 der Firma Dürkopp, die 1955 eine eigene Abteilung für Fördertechnik einrichtete. Der in den frühen 1960er-Jahren einsetzenden Krise der europäischen Textilindustrie fielen Hunderttausende von Arbeitsplätzen zum Opfer. In Bielefeld wurde 1955 die Spinnerei Vorwärts aufgegeben, 1960 die Mechanische Weberei in Schildesche, Ende der 1960er-Jahre folgten die Ravensberger Seidenweberei und die Ravensberger Spinnerei. Die Beschäftigtenzahl im produzierenden Gewerbe sank von 50 400 (1961) auf 39 600 Personen (1970). (Foto: Eduard Heidmann, ca. 1955)

Ein Saal voller Maschinen

Der „Automatensaal“ des unter der Adresse Am Stadtholz 65/69 (später Am Stadtholz 39) befindlichen Werks II der Anker-Werke um 1960. Die zweite Fabrik ergänzte seit Mitte der 1920er-Jahre das an der Ravensberger Straße 12 gelegene erste Werk der Firma, die sich nach dem Zweiten Weltkrieg auf die Herstellung von Registrierkassen konzentrierte, in der frühen Nachkriegszeit jedoch weiterhin auch Nähmaschinen, Fahrräder und Motorräder produzierte. (Foto: Eduard Heidmann, Westfalen-Blatt)

Geschirrspüler für das ganze Land

Das 1899 ursprünglich in Herzebrock gegründete Unternehmen Miele wird heute vor allem mit dem Hauptstandort in Gütersloh und mit der Herstellung von Elektrogeräten für den Haushalt in Verbindung gebracht. Aber schon 1916 wurde in Bielefeld an der heutigen Schildescher Straße ein zweites Werk eröffnet, und auch die Produktpalette entwickelte sich über die Jahre weiter. Für die Fahrradstadt Bielefeld typisch, wurden bei Miele bis 1960 auch Zweiräder produziert, wobei einige Modelle sogar motorisiert waren. Später wurde die Herstellung von Geschirrspülern zum Schwerpunkt des heimischen Werks, sodass die Freie Presse 1965 berichtete, jeder zweite Geschirrspülautomat der Bundesrepublik käme aus Bielefeld. Das Werksgelände und die Betriebsstätten in Schildesche wurden über die Jahre stetig erweitert und bestehen bis heute fort. (Foto: Hamburger Aero Lloyd, 1956)

„Gastarbeiter" gegen den Fachkräftemangel

Im Juli 1960 herrschte in Bielefeld akuter Arbeitskräftemangel, ein Arbeitsloser konnte statistisch gesehen zwischen acht Jobangeboten auswählen. Als die DDR im August 1961 die Mauer baute und die Grenzsicherung gegen die eigene Bevölkerung intensivierte, wurde auch der bis dahin stetige Zustrom von „Zonenflüchtlingen" nach Bielefeld jäh unterbrochen. In der Folge griffen die Unternehmen der Stadt vermehrt auf Arbeitskräfte zurück, die auf Grundlage staatlicher „Anwerbeabkommen" in die Bundesrepublik gelangt waren, bekanntestes dürfte das Abkommen mit der Türkei vom 30. Oktober 1961 sein. Neben den türkischen „Gastarbeitern" waren es vor allem Männer und Frauen aus Griechenland, Italien, Jugoslawien und Spanien, die sich in Bielefeld niederließen. Der Anteil der Migranten stieg zwischen 1959 und 1972 von 1,5 Prozent auf 8,6 Prozent, heute beträgt die Anzahl der Bielefelderinnen und Bielefelder mit Migrationsgeschichte 41 Prozent. Die Aufnahmen zeigen türkische Arbeitnehmer anlässlich der Kundgebung des DGB zum 1. Mai 1964 vor dem Rathaus sowie spanische „Gastarbeiterinnen" vor ihrem Wohnheim. (Foto links: unbekannt, Freie Presse, 1964; Foto rechts: Rudolf Möller, Freie Presse, 1966)

Großmarkt an der Herforder Straße

Diese 1957 entstandene Fotografie zeigt eine Gemüseversteigerung auf dem zwischen Kavalleriestraße und Herforder Straße gelegenen Neumarkt, auf dem bis 1961 neben dem Wochenmarkt auch der Großmarkt stattfand. Wie gebannt schauen die Händler hinter der Scheibe auf den dargebotenen Lauch, während der anbietende Bauer auf dem Pferdefuhrwerk mit einem Marktarbeiter ein Pläuschchen hält. Hinter der gläsernen Trennwand ist links der Auktionator zu erkennen, der in einem separaten Häuschen untergebracht ist. Zum Zeitpunkt der Aufnahme waren die Tage des Großmarkts am Neumarkt allerdings bereits gezählt, da die Stadtverwaltung den beengten Verhältnissen auf dem Gelände Abhilfe verschaffen wollte und zudem den Fahrzeugverkehr des Großmarkts als Gefahr für die Stände und das Publikum des Wochenmarkts einstufte. Am 10. Januar 1961 wurde schließlich der neue Bielefelder Großmarkt an der Oldentruper Straße 145 eröffnet. (Foto: Otto Sudmann, Freie Presse)

Energie für die ganze Stadt

Energieversorgung, Wasserleitungen, Verkehr sind die wesentlichen Sektoren, in denen die Stadtwerke Bielefeld tätig sind. 1856 wurde die erste Gasbereitungsanlage in Betrieb genommen, andere Versorgungsbereiche folgten mit den Jahrzehnten. Nach 1945 war die Situation nur schwer durchschaubar, die von den Stadtwerken zu verwaltende Infrastruktur hatte durch die Bombardierung stark gelitten. In der Folge wurde die Gaserzeugung zum Teil außer Betrieb gesetzt, der Straßenbahnverkehr ruhte zeitweise ganz. Mit dem aufkommenden sogenannten Wirtschaftswunder änderten sich die Umstände aber deutlich: Der Energiebedarf stieg exorbitant in die Höhe, im Bereich Verkehr mussten neue Lösungen gefunden werden. Infolgedessen wurde das Kraftwerk an der Schildescher Straße ausgebaut, 1951 der Gasometer an der Beckhausstraße errichtet. 1955 begann man mit der Einrichtung eines Fernwärmenetzes, bald darauf auch mit der weiteren Erschließung von Brunnen für die Wasserversorgung. (Foto: Hans Niessen, 1958)

Kultur & Bildung

Ein Chor mit Weltruf

Die Geschichte des über die Stadtgrenzen hinaus bekannten Bielefelder Kinderchores ist untrennbar mit dem Leben und Wirken seines Leiters Friedrich Oberschelp (1895–1986) und dessen Sohn Jürgen Oberschelp verbunden, der die Leitung sukzessive von seinem Vater übernahm. Nach dem Krieg waren es im Kulturbereich unter anderem die Veranstaltungen des Kinderchores, die verhältnismäßig schnell von den Besatzungsbehörden wieder zugelassen wurden. Auch außerhalb der Stadtgrenzen machte sich der Chor einen Namen, wozu diverse Auslandsreisen der Sängerinnen und Sänger beitrugen. Besonders bekannt wurde der Chor durch seine Weihnachtskonzerte, die bis vor wenigen Jahren traditionell in der Rudolf-Oetker-Halle stattfanden. Die vorliegende Fotografie zeigt den Auftritt am Nikolaustag 1969. (Foto: Eduard Heidmann, 1969)

Von Varieté bis Modenschauen

1957 nutzte das im August 1930 eröffnete Varietétheater Trocadéro am Oberntorwall 18/Ecke Notpfortenstraße auch die hauseigene Kutsche, um Veranstaltungen zu bewerben – in diesem Fall einen Auftritt des Kabarettisten Werner Kroll. Konnte das von Carl Schreiber (1889–1961) geführte Etablissement mit seinem bunten Programm aus Varieté, Kabarett, Artistenauftritten, Tiernummern, Miss-Wahlen und Modenschauen bis Mitte der 1950er-Jahre seiner Vorreiterrolle im Bielefelder Nachtleben noch gerecht werden, leiteten die steigende Popularität des Fernsehens und die negativen Konsequenzen für das Showgeschäft den Niedergang des Trocadéro ein. Nach der letzten Vorstellung am 30. September 1971 wurde das Gebäude des Varietétheaters im Mai 1972 abgerissen. (Foto: Ernst Maoro, Stadtarchiv Bielefeld)

Ein Buchhändler prägt die Kultur

Einen nicht hoch genug einzuschätzenden Einfluss auf das kulturelle Leben Bielefelds im 20. Jahrhundert hatte die Kunst- und Buchhandlung mit dem dazugehörigen Kunstsalon von Otto Fischer (1907–1995). Fischer, breit interessierter Literat und Kunstfreund, bereicherte Bielefeld nicht nur aufgrund diverser Ausstellungen namhafter Künstlerinnen und Künstler in seinen Räumlichkeiten, sondern zeichnete unter anderem auch für die Konzeption der wegweisenden Ausstellung „Deutsches Buchschaffen" in der Rudolf-Oetker-Halle von 1947 verantwortlich. Nach dem Krieg mussten die Räumlichkeiten Fischers in der Bielefelder Altstadt aufgrund von Bombenschäden grundlegend saniert werden. Die Aufnahme von 1961 zeigt den Kunstsalon an der Welle, aufgenommen aus der zu dem Zeitpunkt soeben renovierten Buch- und Kunsthandlung an der Obernstraße 47. Im Jahr 1974 musste Fischer den Betrieb schließen, da sich niemand für die Nachfolge gefunden hatte. (Foto: Hans Georg Gessner, 1961)

Kino-Hotspot Niedernstraße

Die Niedernstraße war der Kino-Hotspot Bielefelds: Atrium und Palast-Theater sind hier erkennbar, der Gloria-Palast lag rechts außerhalb des Kameraobjektivs Richtung Alter Markt. Der im September 1955 auch in die deutschen Kinos gekommene Film „Das verflixte 7. Jahr“ mit Marylin Monroe war ein Kassenschlager. Da es noch keine U-Bahn gab, konnte der berühmte „Monroe“-Effekt mit Kleid und Abluft in Bielefeld nicht nachgeahmt werden. Das Handbuch V der katholischen Filmkritik von 1963 billigte dem Streifen die Bewertung „Für Großstadtpublikum“ zu, womit die Bielefelder sicherlich einverstanden sein konnten. Marylin Monroe kam nicht nach Bielefeld, aber am 15. Mai 1953 waren die Kinofans in Aufruhr, als der Oscar-prämierte Hauptdarsteller Gary Cooper zur Vorstellung des Westerns „12 Uhr mittags“ das unweit gelegene „Astoria“ am Jahnplatz besuchte. (Foto: Rudolf Möller, 1955)

Neustart für den Bunker Ulmenwall

Der im Dezember 1946 als Jugendheim eröffnete Bunker Ulmenwall diente seit Anfang der 1950er-Jahre den Bielefelder Puppenspielen von Hellmut Selje (1922–1995) und ab 1956 zusätzlich einem Jazzclub als Domizil. Als 1959 die Ulmenstraße, die seit März 1975 den südlichen Teil des Niederwalls bildet, ausgebaut wurde, musste der Jugendtreff zwischenzeitlich geschlossen werden, um den Publikumseingang an die Kreuzstraße verlegen zu können. Am 18. April 1961 konnte der Bunker Ulmenwall schließlich wiedereröffnet werden – sehr zur Freude der Kinder, die sich zu diesem Anlass vor dem neuen Haupteingang drängten. (Foto: Erich Borowka, Freie Presse)

Ein Freilichtmuseum im Schnee

Das im Juni 1917 eröffnete Bauernhausmuseum an der Ochsenheide – hier auf einer Winteransicht von 1960 – blieb in den 1950er- und 1960er-Jahren ein beliebtes Ausflugsziel der Bielefelder Bevölkerung. Hauptgebäude des ältesten Freilichtmuseums Westfalens war das hinter der Bockwindmühle zu sehende Vierständerhaus des Hofes Meyer zu Ummeln, das 1995 einem Brand zum Opfer fiel und durch den Mölleringhof aus Rödinghausen ersetzt wurde. (Foto: Erich Borowka, Freie Presse)

Richard-Kaselowsky-Haus oder Kunsthalle?

Was für ein Statement! Für den Bau der teilweise von Rudolf-August Oetker gestifteten Kunsthalle legte Architekt Philipp Johnson (1906–2005) einen Entwurf im „International Style“ der 1920er- und 1930er-Jahre vor, der sein einziger Museumsbau in Europa blieb. Johnson gilt als Wegbereiter der postmodernen Architektur, hatte sich bis 1941 aber auch wiederholt öffentlich als NS-begeistert gezeigt. Für Bielefeld kombinierte Johnson Kompaktheit und Offenheit in einem quaderförmigen Mainsandstein-Bau, der durch große Fensteröffnungen, halbrund abgeschlossene Wandscheiben und asymmetrisch platzierte Halbsäulen aufgelockert wird. Auf 1200 Quadratmetern Fläche bietet der Kubus Raum für Kunstausstellungen. (Foto: Westdeutsche Luftfoto, 1968)

„Lasst den braunen Namen sausen“

Die Eröffnung der von Rudolf-August Oetker initiierten Bielefelder Kunsthalle am 27. September 1968 als „Richard-Kaselowsky-Haus“ entsprach mitnichten dem pompösen Fest, wie es ursprüngliche Planungen eigentlich vorgesehen hatten. Der Grund dafür lag in der Biografie des Namensgebers, deren Einzelheiten ab 1968 zunehmend publik wurden. Kaselowsky, der 1944 bei einem Luftangriff verstorbene Stiefvater Oetkers, war nämlich nicht nur Mitläufer und NSDAP-Parteigenosse gewesen, sondern hatte das Nazi-Regime aktiv und bewusst unterstützt, was vor allem durch seine Mitgliedschaft und Spendentätigkeit beim „Freundeskreis Reichsführer SS Heinrich Himmler“ zum Ausdruck kam. Das Bekanntwerden dieser Umstände führte letztlich zu großen zivilgesellschaftlichen Protesten und der Absage der Einweihungsfeier. Nur wenige Journalisten erschienen zur Eröffnungspressekonferenz, während draußen etwa 100 Personen lautstark gegen die Namensgebung demonstrierten. Die Bezeichnung aber blieb vorerst. Erst im Oktober 1998 beschloss der Stadtrat die Umbenennung in „Kunsthalle Bielefeld“. (Foto: Günter Rudolf, 1968)

Vom Ackerland zum Universitätscampus

Die Besitzung Voltmann im Bielefelder Westen um 1967. Auf diesem Gelände entstand ab 1971 der Campus der Universität Bielefeld. Die Entscheidung der nordrhein-westfälischen Landesregierung für eine Universität an diesem Standort – und damit auch die Entscheidung für Bielefeld als Universitätsstadt – war bereits am 6. Juni 1966 gefallen, nachdem sich die Stadt Bielefeld mit Familie Voltmann auf einen Kaufpreis für die Flächen hatte einigen können. Im Hintergrund dieser Richtung Südosten aufgenommenen Fotografie sind von rechts nach links die Bielefelder Innenstadt sowie Teile der Stadtviertel Gellershagen und Sudbrack zu erkennen. (Foto: Günter Rudolf, Westfalen-Blatt)

Willenlose Schafe?

Während der Grundsteinlegung für die Universität Bielefeld am 21. Juni 1968 demonstrierten etwa 1000 Studierende vor der Pädagogischen Akademie in der Lampingstraße. Neben mehreren Schafen hatten die Demonstrierenden Plakate mit Schriftzügen wie „Holthoffs neuer Betriebswirt“ mitgebracht, die auf den damaligen NRW-Kultusminister Fritz Holthoff anspielten. Die vorgebrachte Kritik richtete sich vor allem gegen die nordrhein-westfälische Bildungspolitik und das bevorstehende Hochschulrahmengesetz, dem die Demonstrierenden vorwarfen, Studierende zu dummen, willenlosen Schafen zu machen. Bei der zweiten Person von links handelt es sich um den Unternehmer Rudolf-August Oetker. (Foto: Hans Dieter Johner, Neue Westfälische)

Draußen nur Kännchen!

Das Gartenrestaurant und Ausflugslokal Schöne Aussicht an der Promenade, gegründet immerhin schon 1869, ist in der jüngeren Vergangenheit häufig Gegenstand politischer Diskussionen gewesen, die Zukunft ist ungewiss. 1965 jedoch war die Lage deutlich günstiger, wie die vollbesetzte Terrasse und der adrett gekleidete Kellner mit der sauber gescheitelten Frisur belegen, der nach den Kaltgetränken nun den Kaffee serviert. Da wird wohl auch der Kuchen nicht mehr lange auf sich haben warten lassen! (Foto: Otto Sudmann, 1965)

Zeitungen und Bratwürste

Das Gebäude des Café Mai an der historischen Adresse Niederwall 16 – etwa auf Höhe der späteren Adresse Niederwall 6 – brannte im Zweiten Weltkrieg vollkommen aus. In den ersten Nachkriegsjahren wurde der Betrieb des Konzertcafés nicht wieder aufgenommen, stattdessen gründete die Erbengemeinschaft des Café Mai 1954 das wenige Meter weiter südlich gelegene Ratscafé. Im August 1953 war die Ruine am Niederwall 16 noch nicht abgerissen worden und wurde als Unterstand für Zeitungsständer, als Plakatwand sowie zur Bekundung politischer Vorlieben genutzt. Hinter dem Bratwurststand Rollpäpe ist die im Wiederaufbau befindliche Altstädter Nicolaikirche zu erkennen. Das ausgewiesene Parkverbot verhinderte, dass Bielefeld Standort des bundesweit ersten Drive-in-Restaurants wurde. (Foto: unbekannt)

„Udo Jürgens war mein Freund“

Gediegen präsentierte sich der Ambassador-Club: eine saubere Thekenanlage mit schweren und deshalb für Keilereien ungeeigneten Hockern, weiße Tischdecken an den Sitzgarnituren, üppige Blumenarrangements in uneinheitlich zusammengestellten Vasen und eine undefinierbare und nie gespielte Melodie am DJ-Balkon mit niedlicher Dekormarkise und sensationeller Vorrichtung für die akkurate Anordnung des heute wertvollen Vinyls. Von 1965 bis 2003 betrieb Hermann Bickhoff (1932–2015), anfangs mit seinem Bruder Wilhelm (1934–1996), an der Straße Am Sparrenberg einen Danceclub.

Der „AC“ erlebte Konjunkturen und servierte dem Publikum stets um Mitternacht eine frische Suppe, die sich auf einem Tisch aus der ausgefeilten Deckenkonstruktion herabsenkte. In Glanzzeiten gastierten hier Stars wie Gunter Sachs, Rolf Eden, Mary Roos, die Jacob Sisters, Chris Howland oder Chris Roberts – und Ingrid Lamm wurde dort die erste D-Jane der OWL-Metropole. „Udo Jürgens war mein Freund“, berichtete Hermann Bickhoff Ende 2014 anlässlich des Todes des Schlagerstars, der 1965 in Bielefeld auftrat und zu später Stunde nur noch im „AC“ ein Steak mit Bratkartoffeln genießen konnte – das war kurz vor seinem internationalen Durchbruch mit dem ESC-Siegertitel „Merci, Chérie“. (Foto: unbekannt, 1963)

„Pariserische Note" im Ratscafé

Wie schnell in der Vergangenheit doch gebaut wurde: Der erste Spatenstich für das Ratscafé (hier ein Blick in die Konditorei Merk) am Altstädter Kirchplatz erfolgte am 20. Mai 1954, am 8. Dezember 1954 eröffnete das Haus bereits. 1952 hatte die Stadt den Architekten Professor Hanns Dustmann (1902–1979), früher Gropius-Mitarbeiter sowie „Reichsarchitekt" der Hitlerjugend, beauftragt, Gestaltungsvorschläge für das Areal einzureichen. Die im selben Jahr von Werner Apenbrink (1906–1972) vorgelegten Baupläne sahen 750 Sitzplätze auf zwei Geschossebenen vor. Beim Richtfest wünschte sich der Bielefelder Architekt eine „pariserische Note" für das Ratscafé und träumte von „Modenschauen mit anmutigen Mannequins". Solche gab es dort nie und Weltstadtflair wollte sich wohl auch nicht so recht einstellen. Anbauten und Umgestaltungen machten das Café kaum erfolgreicher – 1979 musste es gar schließen. Michael (1941–2001) und Helga Rosinski verkleinerten das Café, vermieteten die freigezogenen Flächen als Geschäftsräume und betrieben von 1982 bis Mitte der 1990er-Jahre einen Szene-Friseursalon. Danach war das Haus wieder Café, eine Party-Location, kurzzeitiger Arminia-Talk und schließlich Ort asiatischer Culinaria. Und nicht wenige erinnern sich an die Bhagwan-Disco Far out. (Foto: Cramers Kunstanstalt, Dortmund, 1966)

Café im Bürgerpark

Das Café im Bürgerpark, zwischen Stapenhorst- und Wertherstraße gelegen, ist bis heute im Bielefelder Westen beheimatet. Architektonisch geplant von der zu dem Zeitpunkt 34-jährigen Diplom-Ingenieurin Hannelore Timmermann aus dem Hochbauamt der Stadt, wurde das Café im März 1957 eröffnet. Verantwortlich für die Verköstigung der bis zu 100 Gäste alleine im Innenraum war Konditormeister Gustav Hagemeyer (1911–1980), der das Café bis 1970 leitete. (Foto: Otto Sudmann, 1957)

Entspannen im Grünen

Seit seinem Bestehen ist der zwischen 1919 und 1921 unter der Regie von Gartenbaudirektor Paul Meyerkamp (1880–1949) angelegte Bürgerpark an der Stapenhorststraße ein beliebtes Ausflugsziel für Groß und Klein. So auch um 1955, als diese Richtung Norden aufgenommene Fotografie entstand. Im Hintergrund ist die im Oktober 1930 eingeweihte Rudolf-Oetker-Halle zu sehen. (Foto: unbekannt)

Der zweite Rosengarten

Nachdem der Großteil des ursprünglichen Rosengartens an der Rudolf-Oetker-Halle Ende 1954 dem fünf Jahre später fertiggestellten und im Hintergrund dieser Aufnahme zu sehenden Gebäude der Pädagogischen Akademie – später Sitz des Fachbereichs Design der FH Bielefeld – hatte weichen müssen, wurde in den Folgejahren an der Lampingstraße/Ecke Stapenhorststraße ein neuer Garten angelegt. Das nördliche Areal des zweiten Rosengartens ist im Vordergrund dieser Richtung Südwesten aufgenommenen Fotografie von 1962 dokumentiert. (Foto: Eduard Heidmann, Westfalen-Blatt)

Mit dem Zug durch die „Schweiz“

Die Gaststätte Rütli in der Sieker Schweiz wurde 1924 als Gewerkschaftshaus mit Gastronomie und angeschlossenen Versammlungsräumlichkeiten eingeweiht. Nach dem Krieg zunächst als Altenheim genutzt, wurde das Rütli 1952 wieder seiner ursprünglichen Bestimmung als Treffpunkt der Arbeiterbewegung zugeführt. Zum Ende des Jahrzehnts fanden schließlich umfangreiche Umbauarbeiten statt, wobei vor allem das „Kinderparadies“ herausstach. Hier konnten Kinder mit zwei kleinen Zügen über eigens verlegte Bahngleise fahren, außerdem gab es einen Bahnhof und einen Lokschuppen. Im Gegensatz zu den Kindern schaut der Lokführer zwar etwas brummig, möglicherweise passte er aber auch einfach nur schlecht unter der Brücke durch! (Foto: Eduard Heidmann, 1962)

In Lederhosen nach Olderdissen

Der Tierpark Olderdissen wurde 1930 eröffnet und ist seither ein in der Stadt und Region beliebtes Ausflugsziel – und das nicht nur wegen des von Anfang an geltenden freien Eintritts. Die Lage im Teutoburger Wald bestimmt auch den Tierbestand, der keine exotischen Säuger aufweist, wenn man einmal vom heimisch gewordenen Marderhund absieht, der ursprünglich aus Asien stammt. Die terrassenartig angelegte Freilichtbühne im Eingangsbereich wurde bis mindestens 1938 genutzt, war aber in den 1950er-Jahren bereits überwuchert und zu einem Eselgehege umgewidmet. Ein Versuch des Bundes der Kulturschaffenden 1953, die Anlage mithilfe des Technischen Hilfswerks wiederherzustellen und den Spielbetrieb zu reaktivieren, scheiterte am städtischen Desinteresse und an fehlenden Fördergeldern. (Foto: Otto Sudmann, ca. 1955)

Eislaufen auf dem Mühlenteich

„Was kümmert uns die Kälte? Was kümmert uns der Schnee? Wir wollen Schlittschuh laufen, wohl auf dem blanken See", formulierte es der Dichter Hoffmann von Fallersleben im 19. Jahrhundert. Und mindestens ebenso alt ist vermutlich auch die Tradition der Bielefelder Jugend, bei anhaltenden Minusgraden zum Mühlenteich am Schloßhof zu pilgern, um dort wintersportlichen Aktivitäten nachzugehen. Die sich im Dezember 1953 auf dem zugefrorenen Teich vergnügenden Kinder der Kriegs- und Nachkriegsgeneration, einige mit Schlittschuhen, andere im bloßen Schuhwerk, werden jedoch kaum daran gedacht haben, dass sich zwischen 1940 und 1943 in unmittelbarer Nähe eines der dunkelsten Kapitel Bielefelder Geschichte abgespielt hat, als in den Gebäuden des ehemaligen Ausflugslokals ein „Jüdisches Umschulungslager" eingerichtet wurde. Mindestens 248 Personen wurden hier interniert, viele starben in den sich anschließenden Wirren des Holocausts. (Foto: Hans Niessen, 1953)

Seifenkistenrennen mit Weltmeister

Beim 1. Seifenkisten-Derby auf dem Johannisberg am 14. Mai 1961 lieferten sich 70 Jugendliche in ihren selbst gebauten Fahrzeugen mehrere Ausscheidungsrennen. Sieger wurde der Schüler Manfred Wienecke. Unter den 15 000 Zuschauerinnen und Zuschauern befand sich auch der ehemalige Boxweltmeister Max Schmeling, der den Startschuss zum ersten Renndurchgang gab und vom Publikum und den jungen Rennfahrern frenetisch gefeiert wurde. (Foto: Eduard Heidmann, Westfalen-Blatt)

Auf der „Alm"

Am 27. Juni 1970 stieg Arminia Bielefeld erstmalig in die Fußball-Bundesliga auf. Der Aufstieg hatte zur Folge, dass die Spielstätte des Vereins, die an der Melanchthonstraße gelegene „Alm", erheblich erweitert wurde. Dieses während des Heimspiels gegen Tennis Borussia Berlin am 3. Juni 1970 entstandene Luftbild zeigt das Stadion vor dem Ausbau. Das vor 25 000 Zuschauerinnen und Zuschauern ausgetragene Duell gegen die Mannschaft aus Westberlin endete 1:1. Im Hintergrund der Richtung Südosten aufgenommenen Fotografie ist die Bielefelder Innenstadt zu erkennen. (Foto: Günter Rudolf, Westfalen-Blatt)

Fankultur

In den frühen 1960er-Jahren gingen die meisten Arminia-Fans noch mit Anzug, Krawatte und Hut und vor allem ohne Frau auf die „Alm“ an der Melanchthonstraße – die Spielstätte des DSC.

Diese Aufnahme entstand am 13. Mai 1962 kurz nach Abpfiff des ersten Endspiels der Westfalenmeisterschaft zwischen Arminia Bielefeld und dem BV Brambauer. Arminia hatte das Spiel mit 2:1 für sich entschieden. (Foto: Eduard Heidmann, Westfalen-Blatt)

Hallenbad am Kesselbrink

Das Hallenbad an der August-Bebel-Straße 91 am Kesselbrink – hier um 1965 – wurde am 22. April 1956 von Oberbürgermeister Artur Ladebeck und Diplom-Ingenieur und Architekt Wilhelm „Willy“ Kirchner (1909–1991), dem Urheber des Bauentwurfs, feierlich eingeweiht. Ab 1962 ergänzte ein Brunnen mit der von Helmuth Schepp (1894–1982) geschaffenen Skulptur die „Liegende“ den Vorplatz des Gebäudes. Das Hallenbad wurde im Juni 2000 geschlossen und Anfang 2001 abgerissen, die „Liegende“ erhielt einen neuen Standort auf dem Bielefelder Boulevard. (Foto: Otto Sudmann, Freie Presse)

Badetag im Wiesenbad

„Wann wird's mal wieder richtig Sommer?“, sang Rudi Carrell 1975. Das Wiesenbad-Foto von 1956 zeugt noch von meteorologisch sonnigeren Zeiten als 20 Jahre später. Das 1927 eröffnete Wiesenbad war beim Luftangriff am 30. September 1944 von sieben Bomben getroffen worden. Ab August 1946 war das Freibad wieder benutzbar. Zwischen 1955 und 1965 zählte die Bäderverwaltung im Durchschnitt jährlich 150 000 Gäste im Wiesenbad. Angesichts des teilweise maroden Zustands stand seit Anfang der 1970er-Jahre wiederholt die Schließung im Raum, 1974 lagen konkrete Pläne für eine Überbauung mit einem Freizeitpark vor. Erst nach einer Sanierung konnte das in Teilen dem ursprünglichen Bestand nachempfundene Wiesenbad 1988 wieder in Betrieb gehen. (Foto: Freie Presse, 1956)

Kanusport auf dem Johannisbach

Das am 15. Mai 1960 eröffnete Trainingsgelände der Bielefelder Kanuten an der Stiftsmühle in Schildesche bot allen Anhängerinnen und Anhängern des Kanusports die Möglichkeit, ihre Fahrkünste auf dem Johannisbach unter Beweis zu stellen. Um einen geeigneten Kanusportplatz herzustellen, war das Wehr an der Stiftsmühle ausgebaut, die dazugehörige Brücke mit neuen Stautoren ausgestattet und der sich anschließende Teich vergrößert worden. Durch die neuen Stautore konnte der Johannisbach bei Bedarf in ein reißendes Gewässer verwandelt werden, wie diese am 13. Mai 1962 bei einem Kanuslalom-Wettbewerb entstandene Aufnahme belegt. (Foto: Eduard Heidmann, Westfalen-Blatt)

Radrennsport für die Massen

Die von dem Architekten Clemens Schürmann (1888–1957) entworfene und am 14. Juni 1953 eingeweihte Radrennbahn in den Heeper Fichten diente seit ihrer Eröffnung zahlreichen Sportveranstaltungen als Austragungsort. Dabei durften Steherrennen wie die hier dokumentierte 57. Deutsche Meisterschaft der Steher am 6. August 1961, die Titelverteidiger Karl-Heinz Marsell für sich entscheiden konnte, natürlich nicht fehlen. Da sich der Betrieb der Bahn nicht rentierte, wurde sie ab Mitte der 1960er-Jahre verstärkt auch für außersportliche Veranstaltungen genutzt. (Foto: Wilhelm Pollmann, Freie Presse)

Köpfe & Ereignisse

Artur Ladebeck

Der am 17. April 1891 in Berlin-Wedding geborene Artur (eigentlich „Arthur") Karl Ladebeck war 1919 als Lehrer nach Bielefeld gekommen und im selben Jahr der SPD beigetreten. Er wurde 1928 Ortsvereinsvorsitzender und war von 1929 bis 1933 Stadtverordneter. Die Nationalsozialisten setzten 1933 seine Entlassung aus dem Schuldienst durch, danach war er bis 1944 insgesamt fünf Mal inhaftiert. Zum 1. Januar 1946 ernannte ihn die Militärregierung zum Oberbürgermeister. Am 23. Oktober 1946 wählte der Rat Ladebeck einstimmig zum Oberbürgermeister, der er bis zum 24. November 1952 blieb. Nach einer Unterbrechung war er erneut vom 23. November 1954 bis 1961 im Amt. Die erste Amtszeit war von den Wiederaufbauleistungen mit Wohnraumbeschaffung und Integration von Flüchtlingen und Vertriebenen zwischen 1946 und 1952 geprägt, in die zweite fielen die Einweihung des Jahnplatztunnels (1957) und die Wiedereröffnung des Kulturzentrums „Bunker Ulmenwall" (1961). Ladebeck starb am 12. Oktober 1963 in Bielefeld. Am 28. September 1966 wurde eine Straße in Bielefeld nach ihm benannt.

Dr. Hermann Kohlhase

Albert Theodor Hermann Kohlhase wurde am 24. April 1906 in Bielefeld geboren. Der studierte Jurist arbeitete unter anderem beim Deutschen Gemeindetag und leitete eine Verwaltungsschule in Düsseldorf. 1933 war er SA-Mitglied geworden, 1937 der NSDAP beigetreten. Ab dem 1. August 1943 war er bei einem Polizei-/Kriegsgericht der Waffen-SS in Berlin eingesetzt, zuletzt als Dezernatsrichter im Rang eines SS-Hauptsturmführers der Reserve. Diese Tätigkeit ist jedoch bislang nicht hinreichend erforscht. Kohlhase, der als Rechtsanwalt arbeitete, seit 1949 der FDP angehörte und von 1952 bis 1956 Ratsmitglied war, amtierte vom 24. November 1952 bis 23. November 1954 als Oberbürgermeister, nachdem sich bei der Kommunalwahl eine bürgerliche Mehrheit aus CDU, FDP und der Splitterpartei „Bund der Heimatvertriebenen und Entrechteten" ergeben hatte. Von 1954 bis 1962 war er Landtagsmitglied. Als NRW-Landesminister amtierte Kohlhase von 1956 bis 1958 (Wirtschaft und Verkehr) und 1966 bis 1970 (Wohnungsbau und öffentliche Arbeiten, bis 1967 zusätzlich Landesplanung). Hermann Kohlhase verstarb am 3. Dezember 2002 in Düsseldorf.

Dr. Rudolf Nierhoff

Geboren wurde Friedrich Rudolf Ludwig Nierhoff am 26. März 1897 in Bielefeld. Nach einem Jurastudium ließ er sich 1925 als Rechtsanwalt in seiner Heimatstadt nieder. Nierhoff gehörte vor 1933 der DNVP an und konnte 1936, trotz allgemeiner Aufnahmesperre, als ehemaliger Stahlhelm-Angehöriger der NSDAP beitreten. Für die CDU, der er seit 1952 angehörte, saß er von 1952 bis 1969 im Stadtrat, bekleidete ab dem 24. November 1952 das Ehrenamt des 2. Bürgermeisters und ab dem 7. November 1956 das des 1. stellvertretenden Bürgermeisters, welches er bis zum 12. April 1961 innehatte. Vom 12. April 1961 bis zum 9. Januar 1963 war Nierhoff Oberbürgermeister, nachdem sich bei der Kommunalwahl 1961 ein Patt zwischen SPD und dem Lager aus CDU und FDP ergeben hatte. Aufgrund einer überparteilichen Vereinbarung „Vernunft und Bereitschaft zur Fairness" teilte er die Amtszeit mit dem ihm nachfolgenden SPD-Vertreter Herbert Hinnendahl. Rudolf Nierhoff gab im Oktober 1961 die Interessenbekundung Bielefelds als Universitätsstandort ab. Er verstarb am 3. Juni 1988 in Bielefeld.

Herbert Hinnendahl

Herbert Hinnendahl wurde am 2. Januar 1914 in Schildesche, Kreis Bielefeld, geboren. Der ehemalige AOK-Auszubildende in Schildesche wurde 1965 schließlich Leiter der AOK in Bielefeld. Am 1. November 1945 wurde Hinnendahl SPD-Mitglied und gehörte ab dem 24. September 1947 dem Stadtrat an. Bei der Kommunalwahl 1961 trat er als Spitzenkandidat der SPD an, die allerdings ihre absolute Mehrheit verlor. Das entstandene Patt zwischen SPD und dem bürgerlichen Lager aus CDU und FDP führte zu einer Teilung der Oberbürgermeister-Amtszeit: Dr. Rudolf Nierhoff (CDU) amtierte die ersten zwei Jahre, Herbert Hinnendahl folgte am 9. Januar 1963 im Ehrenamt des Oberbürgermeisters. 1964, 1969 und nach der kommunalen Gebietsreform 1973 bestätigte ihn der Rat jeweils im Amt, das er bis zum 22. Mai 1975 ausübte. Herausragend in seiner Amtszeit waren die Gründung der Universität, die am 17. November 1969 den Lehrbetrieb aufnahm, und die Gebietsreform zum 1. Januar 1973. Am 1. November 1993 starb Herbert Hinnendahl in Bielefeld. Seit dem 6. Juli 1995 trägt eine Straße seinen Namen.

Severings letzter Gang

Der in Herford geborene und seit 1894 in Bielefeld lebende Carl Severing (1875–1952) war der Doyen der ostwestfälischen Sozialdemokratie, von 1920 bis 1926 war er preußischer Innenminister und von 1928 bis 1930 Reichsinnenminister. In seinem Haus Lampingstraße 6 wurden 1945 die Bielefelder SPD und der Parteibezirk Ostwestfalen-Lippe wiedergegründet. Bis 1950 allerdings verlor er schrittweise politischen Einfluss, war aber Landtagsabgeordneter und wurde Ehrenvorsitzender des SPD-Bezirks. Nach seinem Tod säumten am 26. Juli 1952 insgesamt 40 000 Menschen den Trauerzug von Bielefeld über Brackwede bis zum Sennefriedhof. (Foto: Rudolf Möller, Freie Presse, 1952)

Kriegsrelikte

Berühmte letzte Worte: „Junge, das ist für uns Routine!“ Der Zweite Weltkrieg brachte sich noch Jahrzehnte nach seinem Ende immer wieder in Erinnerung. Blindgänger lagen (und liegen weiterhin) im gesamten Stadtgebiet verstreut. Die Kampfmittelräumer entschärften die britischen und amerikanischen Bomben, so wie hier an den Heeper Fichten am 27. August 1963. 2016 wurde der im Hintergrund erkennbare Gasometer abgebrochen. Er war 1936 gebaut worden, war 42 Meter hoch und fasste anfangs 60 000 Kubikmeter Gas. (Foto: Erich Borowka, Freie Presse, 1963)

Inferno inmitten der Innenstadt

Am 13. Mai 1953 wurde die Bielefelder Innenstadt um etwa 11 Uhr vormittags durch einen lauten Knall erschüttert: Der 22-jährige Pilot Leonardus Joannes Duk, Sergeant der niederländischen Luftwaffe, hatte während eines in Eindhoven gestarteten Navigationsflugs die Kontrolle über seine Maschine verloren und war direkt in den Bereich der Nummern 14 und 16 am Ehlentruper Weg, nur unweit vom Krankenhaus und einigen Bielefelder Schulen, gestürzt. Nahezu sämtliche Einsatzkräfte der Stadt und des Landkreises waren vor Ort. Der niederländische Flieger war sofort tot, einige Wochen später starb auch der 75-jährige ehemalige Orchestermusiker Felix Zieschang an den Folgen der erlittenen Verbrennungen. Die betroffenen Häuser mussten vollständig neu errichtet werden. (Foto: Rudolf Möller, Freie Presse, 1953)

Jahrmarkt auf dem Kesselbrink

Nach dem Zweiten Weltkrieg war der Kesselbrink zunehmend verwahrlost und sprichwörtlich vom Krieg gezeichnet: In den Bäumen steckten sogar Bombensplitter, was später unter anderem als Argument für die Abholzung ins Feld geführt wurde. Etwas Farbe brachten die in der Nachkriegszeit wiederkehrenden Jahrmärkte und Kirmesveranstaltungen, die in einer Phase des Mangels und gleichzeitigen Wiederaufbaus sicher auch für willkommene Ablenkung in zuweilen prekären Umständen sorgten. Das hier abgebildete Treiben zeigt die Frühjahrskirmes im April 1952. Autoselbstfahrer (heute: Autoscooter) und Karussells sorgten bei Jung und Alt für Vergnügen und unbeschwerte Stunden.

Der Adler fällt

Die Aufmerksamkeit eines Großteils der Bielefelder Bevölkerung richtete sich am 29. Juni 1963 Richtung Süden: Im Stuttgarter Neckarstadion krönte sich nämlich Borussia Dortmund mit einem Sieg über den 1. FC Köln zum letzten deutschen Meister, bevor im Herbst die neue Bundesliga starten würde. Nur wenige Stunden später interessierte dieses Thema in Bielefeld kaum jemanden mehr, denn am Abend dieses Samstags startete das 132. Schützenfest mit dem Zapfenstreich auf dem Alten Markt. Es war eine Veranstaltung mit Tradition, hatte die Bielefelder Schützengesellschaft 1956 doch bereits ihr 125-jähriges Bestehen feiern können. Trotz des Hinweises von Oberbürgermeister Herbert Hinnendahl, dass bestimmte Gruppen der Stadtgesellschaft Vorbehalte gegenüber den Schützen hätten, säumten dennoch große Menschenmassen die entsprechenden Umzüge und das Königsschießen auf dem Johannisberg. Das Foto zeigt den Schützenumzug auf der Obernstraße, im Hintergrund ist der in der Sanierung befindliche Turm der Altstädter Nicolaikirche zu sehen. Schützenkönig der mehrtägigen Veranstaltung wurde schließlich Heinrich Knoop, Schützenkönigin Kläre Freudenau. (Foto: Eduard Heidmann, 1963)

Englische Woche

Als zusätzliche Attraktion der – anlässlich des zehnjährigen Bestehens der Deutsch-Englischen Gesellschaft in Bielefeld – abgehaltenen „Englischen Woche“ fand am Abend des 4. Juni 1966 im Oval der Radrennbahn eine Parade der zehn Militärkapellen der 2. Division des I. Korps der Britischen Rheinarmee – eine sogenannte Massed Bands Parade – statt. Sir John Mogg (1913–2001), Kommandeur des in den Ripon Barracks an der Detmolder Straße stationierten I. Korps, wollte die Veranstaltung auch als Dank für die Freundlichkeit verstanden wissen, mit der die Bielefelder Bevölkerung den britischen Soldaten begegnet war. Einen Tag vor dem Veranstaltungstermin wurde mittags vor 6000 Bielefelder Schulkindern die Generalprobe abgehalten, bei der das Schafbock-Maskottchen der Sherwood Foresters, Derby XX., natürlich nicht fehlen durfte. (Foto: Erich Borowka, Freie Presse)

Achtung Stelzenfahrer

„Jeder Schlürkopp fährt 'ne Dürkopp", dachten sich vielleicht einige der Passantinnen und Passanten, wenn der Stelzenfahrer Adolf Erkrath (1909–1987) in den späten 1950er- und frühen 1960er-Jahren auf einem Motorrad der Bielefelder Firma Dürkopp am Jahnplatz seine Runden drehte. Im Hintergrund dieser Aufnahme ist das ehemalige Gebäude der Commerzbank am Jahnplatz 7 zu sehen, das zwischen 1907 und 1909 für den Barmer Bankverein errichtet worden war und 1968 abgerissen wurde, um einem Neubau Platz zu machen. (Foto: Hans-Jochen Giesche)

Der Gumbinner Elch

„Nur tote Elche legen sich“, lautete ein Debattenbeitrag über die Gestaltung des Elch-Denkmals im Bürgerpark. Es sollte an die am 15. Mai 1954 eingegangene Patenschaft Bielefelds über die Vertriebenen aus der ostpreußischen Stadt Gumbinnen (heute Gusev, Russland) erinnern. Der im Naturraum Ostwestfalen längere Zeit nicht mehr gesichtete Schaufelträger war das Wappentier des Kreises Gumbinnen. Das vom Bildhauer Prof. Hans Ruwoldt aus Hamburg gefertigte, 600 Kilogramm schwere Bronzedenkmal wurde am 24. September 1961 eingeweiht und ist seither bei Gumbinner Heimattreffen in Bielefeld immer wieder aufgesucht worden. (Foto: Eduard Heidmann, September 1961)

Herrenrunde mit Gedeck

Eine Herrenrunde bei Kaffee und Schnaps über einem Plan der Sparrenburg von 1905 (von links): Stadtarchivar Dr. Gustav Engel (1893–1989), Oberförster Eberhard Frohne (1911–?), Ernst Langenberg (1896–1965) von der Freien Presse und Gartenbaudirektor Dr. Hans Ulrich Schmidt (1912–2006). Grünrock Frohne löste am 21. Januar 1960 mit zwei tödlichen Schrotschüssen auf den Afghanenrüden Nathan den „Bielefelder Hundekrieg“ aus. Die Proteste gegen den Abschuss, den Frohne mit der Abwehr von Wilderei rechtfertigte, erreichten eine bundesweite Aufmerksamkeit. Über eine Demonstration mit mehr als 1000 teilnehmenden Hundefreunden in Bielefeld berichteten rund 100 Zeitungen aus der Bundesrepublik: Die Welt, die Bild-Zeitung, die Frankfurter Allgemeine, aber auch die Nürtinger Kreisnachrichten, die Norderneyer Badezeitung und der Bote aus den 6 Ämtern aus Wunsiedel. Frohne wurde übrigens freigesprochen. (Foto: unbekannt)

Ein Aufruf zeigt Wirkung

Als Reaktion auf das nukleare Wettrüsten im Kalten Krieg entstand 1957 in der Bundesrepublik die außerparlamentarische Protestbewegung „Kampf dem Atomtod“, die eine atomwaffenfreie Zone in Europa forderte, um die Gefahr einer atomaren Vernichtung Deutschlands abzuwenden. Einem Kundgebungsaufruf der Protestbewegung folgten in Bielefeld am 18. April 1958 auf dem damaligen Schillerplatz vor dem Rathaus am Niederwall 25 000 Menschen, um für eine Politik der Entspannung und Abrüstung zu demonstrieren. Zu den anwesenden Organisatoren gehörten der Bundestagsabgeordnete und spätere Bundespräsident Gustav Heinemann, der Theologe Wolfgang Schweitzer und der damalige NRW-Finanzminister Willi Weyer. (Foto: Rudolf Möller, Freie Presse)

Willy Brandt besucht Bielefeld

Für den Bundestagswahlkampf 1961 wurden in Bielefeld alle Register gezogen: Sowohl der amtierende Bundeskanzler Konrad Adenauer (CDU), als auch sein Kontrahent, der regierende Bürgermeister von Berlin, Willy Brandt (SPD), besuchten noch in der Woche vor der Wahl Bielefeld. Der 85-jährige Adenauer sprach am 11. September auf dem Festplatz der Radrennbahn vor etwa 10 000 Anhängern, Brandt landete zwei Tage später auf dem Flugplatz Windelsbleiche, um anschließend vom Rathausbalkon vor über 30 000 Menschen seine Wahlkampfrede zu halten. Am Flughafen hatte unter anderem der damals siebenjährige Frank Bell, heute bestens bekannt als Bielefelder Journalist und Kinohistoriker, dem soeben eingetroffenen Brandt einen Blumenstrauß überreicht. Die Wahl gewann schließlich der auch in der eigenen Partei politisch angeschlagene Adenauer – er trat bereits zwei Jahre später sein Amt an Ludwig Erhardt ab. Im „roten Bielefeld" aber hatte die Mehrheit bei einer rekordverdächtigen Wahlbeteiligung von über 91 % ihre Stimme Brandt gegeben. Den Mercedes mit einem Kennzeichen des Landkreises, den Brandt für die Fahrt vom Flugplatz in die Innenstadt nutzte, hatte ein unbekannter Bielefelder Industrieller zur Verfügung gestellt. Brandt kam im Folgenden noch einige Male nach Bielefeld. Heute erinnern zwei Plätze in der Stadt an beide Bundeskanzler. (Foto: Otto Sudmann, 1961)

Weitere Bücher über Ihre Stadt

Kneipen, Kult und Kakerlaken (Bd. 1)
Ein Zug durch die Bielefelder Altstadtlokale von damals
Frank Tippelt, Willibald A. Bernert
96 Seiten, zahlr. Farb- und S/W-Fotos
ISBN 978-3-8313-3243-4

Kneipen, Kult und Kellergeister (Bd. 2)
Unglaubliche Geschichten aus dem Bielefelder Nachtleben
Frank Tippelt, Willibald A. Bernert
96 Seiten, zahlr. Farb- und S/W-Fotos
ISBN 978-3-8313-3257-1

Kneipen, Kult und Kuemmerlinge (Bd. 3)
Das waren Zeiten! Irre Episoden aus Bielefelder Lokalen
Frank Tippelt, Willibald A. Bernert
96 Seiten, zahlr. Farb- und S/W-Fotos
ISBN 978-3-8313-3557-2

Dunkle Geschichten aus Bielefeld
Schön & schaurig
Hans-Jörg Kühne
80 Seiten, zahlr. S/W-Fotos
ISBN 978-3-8313-2217-6

Unsere Glücksmomente
Geschichten aus Bielefeld
Hans-Jörg Kühne
80 Seiten
ISBN 978-3-8313-3322-6

Bielefeld – Farbbildband
deutsch / english / français
Hans-Jörg Kühne, Sarah Jonek
72 Seiten, zahlr. Farbfotos
ISBN 978-3-8313-3127-7